Lyssa Royal und Keith Priest

Sternensaat

Lyssa Royal und Keith Priest

STERNENSAAT

Das galaktische Erbe der Menschheit

Aus dem Amerikanischen
von
Gertraud Reichel

Zweitausendeins

1. Auflage, Dezember 1994.

Titel der amerikanischen Originalausgabe: The Prism of Lyra.

Lizenzausgabe mit freundlicher Genehmigung
durch den G. Reichel Verlag, veröffentlicht
von Zweitausendeins, Postfach, D-60381 Frankfurt am Main.

Umschlagillustration: Michael Z. Tyree.
Herstellung: Dieter Kohler & Bernd Leberfinger, Nördlingen.
Satz: Typoline, Gernlinden.
Druck: Gutmann + Co GmbH, Talheim, Neckar.
Einband: G. Lachenmaier, Reutlingen.
Printed in Germany.

Dieses Buch gibt es nur bei Zweitausendeins
im Versand (Postfach, D-60381 Frankfurt am Main) oder
in den Zweitausendeins-Läden in Berlin, Essen, Frankfurt, Freiburg, Hamburg, Köln, München, Nürnberg, Saarbrücken, Stuttgart.

In der Schweiz über buch 2000, Postfach 89,
CH-8910 Affoltern a.A.

ISBN 3-86150-086-8

Den Kindern des Leier-Sternen-Systems,
zerstreut in der Galaxie...
möget Ihr Euch Eures Erbes besinnen.

Ich bin ein Kind der Erde und des
sternenübersäten Himmels
doch himmlisch ist meine Rasse
möget Ihr das erkennen.

Übersetzt von der »Petelia Platte«
Orphic Initiates, 200–400 v. Chr.

Inhalt

Vorwort

> O, Ihr Menschen, es war nicht das Gemisch aus Blut und Atem, das eure Seele erweckte und schuf, obgleich eure erdgeborene und sterbliche Hülle daraus erschaffen ist. Eure Seele entstammt einem anderen Ort. *Empedocles*

Seit Urzeiten durchströmt uns ein bittersüßes Gefühl beim Anblick der unendlichen Weite des nächtlichen Himmels. Einige sehnen sich nach dem Tag, an dem die menschliche Rasse zu weit entfernten Sternen reisen kann. Ist das nur ein Zukunftstraum, oder ist es die Erinnerung an unsere Vergangenheit?

Das menschliche Bewußtsein ist längst noch nicht erforscht. Was spornt uns an, die Evolution bis an die Grenzen voranzutreiben? Was treibt uns dazu, Zwietracht unter die Rassen unseres Planeten zu säen? Vielleicht spielen wir ein kosmisches Drama und haben nur zwischenzeitlich das Script vergessen. Wir wissen, daß sämtliche Aktivitäten hier auf der Erde, die eines Landes oder die einer Rasse, die Handlungen anderer beeinflussen. Das gleiche Prinzip läßt sich auf das Universum anwenden. Vielleicht beeinflussen unsere Taten unzählige Zivilisationen auf anderen Planeten. Sollten wir wirklich so eng miteinander verbunden sein?

Der Inhalt dieses Buches ist eine Sammlung von Einsichten, Schlußfolgerungen und Durchgaben, die während vieler Jahre zusammengetragen wurden. Aussagen verschiedenster Channel-Medien wurden überprüft (hauptsächlich die Arbeiten der Co-Autorin Lyssa Royal), auch wurden anthropologische und metaphysische Werke zu Rate gezogen. Der Leser mag die hier aufgezeigten Ideen buchstäblich oder sinnbildlich nehmen, es spielt keine Rolle, da sich dadurch die Geschichte nicht verändert. Es besteht kein Anspruch darauf, daß es sich hier um die höchste Wahrheit handelt, wie unsere galaktische Familie in dieser Realität entstand. Stimmt das Gedankengut für dich, dann nutze die gewonnene Einsicht als Katalysator für persönliches Wachstum. Wenn nicht, dann führt es dich vielleicht einen Schritt näher an deine eigene persönliche Wahrheit.

Eine der wichtigsten Voraussetzungen, das menschliche Potential zu fördern, ist, alle Wahrheiten als Manifestationen der einen Wahrheit zuzulassen, welche auch immer es sein mag. Aus dieser Billigung erwächst die Einheit. Möge dieses Buch dir Freude bereiten, dir interessant erscheinen und deine Phantasie beflügeln. Es wird nicht erwartet, daß du glaubst, was hier geschrieben steht – dafür aber deine Bereitschaft, neue Wege zu erkunden!

Dies ist ein Einführungsbuch. Im Anhang findest du eine Worterklärung für alle verwendeten unbekannten Begriffe. Jedes Kapitel behandelt einen neuen Aspekt des verschlungenen Musters und wie dieses Muster auf der Erde wirkt. Die hier enthaltene Information ist durch zahlreiche Diskussionen auf den Punkt gebracht worden. Sie wird den Leser mit einer Anzahl von Rassen bekannt machen. Doch ist ihre Anzahl nicht komplett. Es gibt andere unzählige Abkömmlinge und Dramen, die im ganzen Universum wirken. Die hier behandelten Gattungen sind in Erscheinung getreten als diejenigen, die im menschlichen Drama auf der Erde eine Hauptrolle zu spielen scheinen.

Der Text bezieht sich wiederholt auf bestimmte Vermutungen; sie bilden die Grundlage dieses Buches. Eine ist die Idee der Wiedergeburt und die unbegrenzte Natur des Bewußtseins. Zum Verständnis dieses Materials ist es nicht nötig, sich diesem Gedankengut anzuschließen, es wäre aber hilfreich, um

dem Leser eine größere Sicht des ganzen Spektrums zu vermitteln.
Wir gehen ferner von der Annahme aus, daß jedes Lebewesen ein höheres Bewußtsein besitzt. Es wird angenommen, daß jedes Wesen, unabhängig von der augenblicklich gewählten Lebensform, das Bewußtsein seiner göttlichen Identität behält, und daß es mit dem Ganzen (bewußt oder unbewußt) verbunden ist. Aus diesem Konzept entsteht das Gedankengut, daß wir es sind, wir ganz allein, die unsere Zukunft bestimmen. Deshalb liegt die Evolution in unseren Händen.
Die Annahme, daß das »Ganze« oder das integrierte Massenbewußtsein unserer galaktischen Familie von jeher existiert hat, durchzieht das ganze Buch wie ein roter Faden. Um der dargelegten Information willen müssen einige Parameter gesetzt werden. So wird der »Anfang« der Geschichte sinnbildlich dargestellt als der *»Schöpfungsprozeß«* und das »Ende« als *»Integration«*.
In vielen Fällen wurden Etiketten benutzt, um Orte oder Menschen (wie Sirius oder Sirianer) zu bezeichnen. Im allgemeinen sind diese Bezeichnungen nicht so streng zu handhaben, sie bezeichnen eher eine Ebene oder schwingungsmäßige Bewußtheit als einen starren Begriff. Im Falle der Leier-Sternengruppe wird die Möglichkeit erwogen, daß die besprochenen Sterne bereits öfters zu dunklen und hellen Löchern geworden sind. Deshalb kann hier von »Begriffen« anstatt von konkreten Punkten in Zeit und Raum gesprochen werden. Diese Begriffe sind – wie unsere Legenden schildern – wichtig, und sie untermauern die Bedeutung anderer Sternensysteme. Die Überlieferungen des Dogon-Stammes, die sumerischen Texte und altägyptische Aufzeichnungen berufen sich alle auf den Kontakt zu Wesen von anderen Sternengruppen. Obgleich ihre Sprache und ihre gegenwärtige Ausdrucksweise leicht verschieden sind, stimmt der Inhalt zweifellos überein.
Wissen um die Vergangenheit der menschlichen Rasse kann

unser Leben hier auf der Erde bereichern. Wirkliche Transformation geschieht durch das Einsickern von Erkenntnissen in unsere Welt; das Sich-Verschließen vor diesen Erkenntnissen bedeutet, vor der Verantwortung als Bürger der Erde und der galaktischen Familie zurückzuweichen.

(Bitte achten Sie auch auf die Fußnoten und Worterklärungen in den Texten!)

1
Der Schöpfungsbeginn

»Mit ihren himmlischen Schlüsseln
ihren luftigen Saiten, ihren feurigen Verzierungen
erhebt sich die große Leier...
durch alle ihre siebenfältigen Gitter
von der Erde bis zu den Fixsternen.«
Longfellow über die Leier aus »Occultation of Orion«

Bewußtsein und Energie waren einst verschmolzen mit dem allgegenwärtigen Ganzen. Dieses Ganze war sich seiner Aspekte bewußt, aber auf andere Art als das individuelle Bewußtsein. In der gegenwärtigen Entwicklung der Erde wird zuerst das Selbst erkannt, dann die Gesellschaft, dann das Ganze, ALL-DAS-IST, oder Gott. Trennung findet noch immer statt, aber diese Abspaltung vom Ursprung ist illusorisch. Diese Illusion ist das Werkzeug, das das Ganze mit all den notwendigen Erfahrungen und Herausforderungen versorgt, die es benötigt, um sich mit dem Ursprung zu reintegrieren.

Vor dieser Abspaltung vom Ursprung existierte das Ganze auf einer ganz anderen dimensionalen Ebene der Realität. In jener Sphäre der Einheit fragten sich Fragmente des ALL-DAS-IST, wie es wäre, wenn sie sich abspalten und vorübergehend die integrierte Existenz vergessen würden. Die geballte Kraft dieses Gedankens führte zur Zersplitterung. Die bei der Fragmentation erzeugte Illusion wurde zur Herausforderung der Bewußtheit, diesen Zustand des Erinnerungsverlustes zu überwinden und die Rückerinnerung (aus ihrer eigenen göttlichen Natur heraus) an die Einheit hervorzurufen.

Was als »Schöpfung« bezeichnet wird, ist in Wirklichkeit diese Fragmentation, oder der *Schöpfungsprozeß*. Die anfängliche

Neugier des Ganzen, sich als bruchstückhafte Existenz zu erfahren, *erschuf* die Realität. Es erforderte eine Verlagerung der Perspektive, des Fokus oder der Schwingung. Als Bruchstücke des Ganzen waren Teile der galaktischen Familie partiell dafür verantwortlich, die Blaupause zu erstellen, die ihre Entwicklung bestimmen würde. Aus diesem Grunde besteht die Aussage: »Wir sind Gott« zu Recht.

Die Blaupause, die erstellt wurde, enthielt viele verschiedene Vorstellungen. Polarität und Fragmentation würden die Norm sein; auch die Option des freien Willens für jedes Fragment oder Seele war in der Kodierung der Blaupause enthalten. Die Herausforderung lag in der Erinnerung, daß jedes Bewußtsein den freien Willen besaß. Je größer der Ausdruck des freien Willens, desto stärker die Beschwörung der göttlichen Erinnerung. Konfrontiert der freie Wille die polarisierte Realität, dann wird er zum Befreier. Vergißt eine Seele, daß sie einen freien Willen besitzt, wird die Schulung zu einer größeren und sich lohnenden Herausforderung.

Eine andere Idee in der gewählten Blaupause enthielt das Konzept, daß die Fragmente des Ganzen trotz Erinnerungsverlustes völlig für ihre Taten verantwortlich sind. Erinnert oder vergessen, jede Tat würde eine Wirkung des Universums hervorrufen. Einige nannten dieses Prinzip Karma, das allerdings viel umfassender als die Vergeltung »Auge um Auge, Zahn um Zahn« ist. Anstelle von Vergeltung besteht die Möglichkeit, das Bewußtsein zu erweitern. Man könnte daher sagen, daß Wissen Karma auslöscht.

Diese Sätze klingen wie die Regeln eines grausamen kosmischen Spiels, dessen Ausgang bereits festgelegt worden ist. Behält man diesen Gedanken im Gedächtnis, dann spielt nicht das Ziel eine Rolle, sondern die gesamte Reise dorthin und *wie* das Spiel gespielt wird.

Ein weiteres Übereinkommen war, dem gewirkten universellen Gewebe eine feinstofflich erzeugte Kodierung hinzuzufügen.

Durch diese Kodierung würden zweibeinige, aus Kohlenstoff bestehende humanoide Formen das normale, natürlich entwickelte Gefäß sein für die Inkarnation von menschlich ähnlichem Bewußtsein auf planetaren Strukturen. Diese Kodierung existiert auf meta-atomaren Ebenen, welche die Wissenschaft gerade zu messen und zu erforschen lernt. Die Symbolik der Polarität spiegelt sich in der menschlichen Körperform wider. Der Erdenmensch ist symmetrisch, mit zwei Armen, zwei Beinen, zwei Ohren usw. Der Körper wird durch einen Rumpf und einen Kopf gebildet.

Es wurde ebenfalls beschlossen, daß während der evolutionären Entwicklung der humanoiden Formen (innerhalb der galaktischen Familie der Erde) die männlichen und weiblichen Polaritäten sich in getrennten, aber ergänzenden Körpertypen manifestieren würden. Dieses diente als Gedächtnisstütze dafür, daß, um zu erschaffen, die Polaritäten immer zusammengefügt und integriert werden müssen. Viele sind der Meinung, daß man sich am ganzheitlichsten fühlt, wenn er/sie mit dem anderen in Liebe verbunden ist.

Wie ging der Schöpfungsprozeß vor sich? Innerhalb des Zeit/Raum-Gefüges der Leier-Konstellation existiert etwas, was man als »Weißes Loch«[1] bezeichnen kann. Vergleiche das Weiße Loch mit einem Prisma. Schickt man einen Lichtstahl durch ein Prisma, dann erhält man ein Lichtspektrum von sieben sichtbaren Farbfrequenzen. Als ein Teil des Ganzen durch das Prisma der Leier (das Weiße Loch) strebte, wurde das Bewußtsein in sieben schwingungsmäßige Frequenzen aufgespalten, die dem Massenbewußtsein der galaktischen Familie der Erde entsprechen. Jedes Fragment wurde sich all dieser verschiedenen Frequenzen oder Dichtigkeitsgraden bewußt. Zuvor wurden die Frequenzen als integriert im Ganzen wahrgenommen (wie das weiße Licht). Als dieses Bruchstück des ursprünglich Ganzen

1. Ein Fokus von intensivem Licht und Energie. In diesem Fall, ein Geburtsort.

durch das Prisma strebte, manifestierte es sich als sieben bewußte Schwingungen. Das Bewußtsein spaltete sich ebenfalls, und die Teile strebten auseinander, wie es der »Urknall« andeutet. Es entstand die Illusion, daß jedes Teil ganz allein für sich existierte.

Das Ganze verstand den Zweck dieser Erfahrung: er lag in der Reintegration der Mannigfaltigkeit. Wie aber konnte das erreicht werden? Als individuelle Seelen oder als Gruppen drangen die Fragmente in das Universum, das gerade geschaffen wurde. Im Schöpfungsprozeß entstand nicht nur eine Bewußtseinsabspaltung, sondern es formten sich auch Sterne, Planeten, Gase und Moleküle, die die physische Realität ausmachen. In der physischen Realität existieren jedoch nur einige der energetischen Schwingungen, die aus der Fragmentation hervorgingen. Wie die Wissenschaft herausgefunden hat, ist Stoff verdichtete Energie, der mit einer bestimmten Schwingung vibriert. Jeder Aspekt des Universums ist aus Energie geformt. Mit der bestehenden Technologie auf der Erde war es bisher nicht möglich, bestimmte Teilbereiche der Realität zu erfassen. Wäre sie weiter entwickelt, hätte sie die Fähigkeit, durch eine unendliche Anzahl von Toren zu blicken, die in die Zeit, den Raum und in andere Dimensionen führen.

Es folgen die sieben Schwingungsebenen, in welche sich die galaktische Familie der Erde spaltete, als sie durch das Prisma der Leier strebte. Von hier ab wird das Wort »Dichtigkeitsgrad« als Bezeichnung der verschiedenen Schwingungsebenen gebraucht.[2]

1. Dichtigkeitsgrad: *Bewußtsein als Punkt; physischer Stoff.*

Dieser Schwingungsgrad ist der grundlegendste. Er stellt den Stoff und die Energie für die Erschaffung von Atomen und

2. Siehe Wörterverzeichnis, zum Unterschied von Dichtigkeitsgrad und Dimension.

Molekülen. Die Grundformen des Lebens wie Mineralien und Wasser wirken auf dieser Schwingungsebene. Die Menschen haben diese Schwingung ebenfalls in sich. Hieraus besteht der genetische Code.

2. Dichtigkeitsgrad: *Bewußtsein als Linie; biologischer Stoff, Entwicklung von Gruppen- oder Rassen-Identität.*

Das Bewußtsein, das durch diese Dichtigkeitsstufe ausgedrückt wird, besitzt kein Selbstbewußtsein, es hat kein Ego. Hierhin gehören die meisten Gattungen innerhalb des Pflanzen- oder Tierreiches; jedoch hängt der ihnen zugewiesene Platz von vielen zusätzlichen Faktoren ab, einschließlich des Vorhandenseins oder Nichtvorhandenseins von Ego.

3. Dichtigkeitsgrad: *Räumliches Bewußtsein, Ego; Verlust von Gruppenidentität, Entwicklung von individueller Identität, Fähigkeit, sich der Vergangenheit zu erinnern und die Zukunft aus dem gegenwärtigen Bewußtsein heraus zu erkennen.*

Dies ist der Dichtigkeitsgrad, in dem Menschen in Erscheinung treten. Er ist eine Vibration, welche die Illusion hervorruft, getrennt zu sein, und gleichzeitig eine Herausforderung, zu erwachen. Gegenwärtig befindet sich die Menschheit in einem Übergangsstadium zum vierten Dichtigkeitsgrad. Hierauf sind die vielen schnellen Veränderungen, denen die menschliche Rasse unterworfen ist, zurückzuführen. Diese Frequenz spiegelt die größte Trennung vom Ganzen wider. Hier gibt es viele Integrations-Lektionen zu lernen. Es ist die intensivste aller Stufen, auf der das Selbst in seinem Wachstum gefördert wird.

Cetacea (Delphine und Wale) existieren gleichzeitig im dritten und vierten Dichtigkeitsgrad und verlassen mit der Menschheit die dritte Schwingungsdichte. Das Bewußtsein der Primaten besteht ebenfalls in der dritten Stufe. Die Evolution von Primaten wird anhand etlicher Charakteristika, die sie entfalten und die man ursprünglich nur den Menschen zuschrieb (Aneignung von Sprache und krankhaftes Verhalten), vermehrt sichtbar.

4. Dichtigkeitsgrad: *Beibehaltung von räumlichem Bewußtsein, Überbewußtheit; Reintegration ins Massenbewußtsein ohne Ego-Identifikation. Mit der Schwingungserhöhung werden Wahrnehmung von Vergangenheit, Gegenwart und Zukunft fließender, ebenso die Fähigkeit, sich mit multidimensionalen Realitäten und solchen von multipler Dichtigkeit zu verbinden. Die Beibehaltung eines negativ orientierten Bewußtseins wird erschwert.*

Auf der Erde überlappt gegenwärtig der vierte Dichtigkeitsgrad den dritten. Bei der Menschheit macht sich dies bemerkbar an dem erhöhten Wunsch nach Einheit, Frieden, bedingungsloser Liebe im Gegensatz zur Illusion der Trennung, die typisch ist für die dritte Schwingungsebene. Der Vibrationsgrad der eigenen Realität steigt sprunghaft an, was zu schnelleren und intensiveren persönlichen Ergebnissen führen kann. Diese Tatsache ist leicht zu erkennen anhand von vielen tausenden von Menschen auf der Erde, die an Therapie- und Entzugsprogrammen teilnehmen, und solchen, die sich um das Wohl der Erde bemühen. Das ist die Schwingung der Verantwortung und die Schwingung, in der man sich der Kodierung des freien Willens bewußt wird. Dies ist die letzte Frequenz, bei der physische Körper als Vehikel für den Ausdruck der Bewußtheit dienen. Daher verbleiben viele Zivilisationen lange Zeitepochen in diesem Dichtigkeitsgrad.

5. Dichtigkeitsgrad: *Versuchsweises »Ich«-Bewußtsein als Gruppenidentität, nicht gebunden an die lineare Zeit.*

Auf dieser Stufe erinnert sich fühlendes Bewußtsein seines Erbes. Dies ist die Ebene der Weisheit. Erwacht das innere Wissen, dann besteht der Wunsch, sich den anderen mitzuteilen, die noch auf niedrigeren Stufen sind. Viele aus diesen Sphären werden zu Lehrern für andere. Ein Wesen aus diesem Dichtigkeitsgrad verschmilzt mit dem Bewußtsein seiner angestammten Familie (auch »Überseele« oder »Höheres Selbst« genannt) und beginnt, sich zu erinnern. Es ist der erste Dichtigkeitsgrad, in dem eine nicht-physische Ausrichtung erfahren wird. (Anmerkung: Es gibt keine klare Unterscheidung, wenn man vom fünften zum sechsten und vom sechsten zum siebenten Grad überwechselt. Da diese Dichtigkeitsgrade nicht physisch sind, gibt es viele Überschneidungen bei den Übergängen.)

6. Dichtigkeitsgrad: *Bewußtsein als Dimension*

Dieses Bewußtsein wird oft als Christus-Bewußtsein bezeichnet, da es einen Frequenzgrad zeigt, der mit dem Christus' oder Buddhas übereinstimmt. Auf dieser Frequenz findet eine völlige Erinnerung statt, und man beginnt, Verantwortung für das Ganze anstatt für das Selbst zu übernehmen. Der Prozeß, das Selbst oder das Ganze weiterzuentwickeln, sind ein und dasselbe.

7. Dichtigkeitsgrad: *Bewußtheit als multidimensionale Erfahrung, Gruppen-Matrix-Identität. (Sozialer Erinnerungs-Komplex)*

Dies ist die Frequenz völliger Einheit oder Integration. Diejenigen, die mit dieser Frequenz schwingen, sind eingegangen in die Identität und werden zu einem Massenbewußtseins-Ganzen. Sie magnetisieren diejenigen auf anderen Schwingungsebenen und stellen den Fluß für den natürlichen Strom dar, der zur Integration führt. Haben die Wesen des siebenten Dichtigkeitsgrades die kritische Masse erreicht, dann drängen sie durch das Prisma der Leier (aus unserer Sicht wird es ein Austrittspunkt aus einem Schwarzen Loch sein) und erreichen die nächste Oktave, wo sie ein anderes Abenteuer erwartet.

***

Es ist wichtig zu wissen, daß, als sich Teile des Ganzen abspalteten und durch das Prisma der Leier strömten, jede Bewußtheit die Wahrnehmung auf *allen* Dichtigkeitsebenen behielt. Dennoch verblieb teilweises Vergessen. Aus der Sicht hochkonzentrierter Dichtigkeit, wie sie auf der dritten und teilweise auf der vierten Stufe vorherrschen, mag eine Unbewußtheit bezüglich der Ko-existenz anderer Ebenen auftreten. Sobald die Integration eintritt, werden die anderen Aspekte bewußt.

Der Mikrokosmos reflektiert immer den Makrokosmos. Dies wird sichtbar aus den »Zufällen«, wie atomare Struktur die Struktur eines Sonnensystems widerspiegelt. Das gleiche gilt für die Fragmentation von Bruchstücken des Ganzen in individuelle Wesen oder Seelengruppen. Inkarniert man in einem physischen Körper, so kann dies verglichen werden mit einem Mini-Durchgang durch das Prisma der Leier.

Der Prozeß der Seelenabspaltung, wenn man physisch inkarniert, kann verglichen werden mit Freuds Es-, Ego- und Superego-Theorien. Als Fötus zeigt die Seele einen Bewußtseins-Dichtigkeitsgrad der ersten Stufe. Zu diesem Zeitpunkt ist man sich bewußt, mit der Umgebung verbunden zu sein. Physisch ist man eine Anhäufung von DNA-Kodierungen mit dem Potential, ein bewußtes menschliches Wesen zu werden. Da Freud seine Hypothese nicht bis in die vorgeburtliche Entwicklung ausdehnte, gibt es keine Korrelation. Hätte er einen Begriff geschaffen, der die Beziehung des Fötus zu seiner Umwelt darstellt, dann würde er mit der Beschreibung des ersten Dichtigkeitsgrades übereinstimmen.

Ein neugeborenes Kind bis zum Alter von zwei Jahren beginnt damit, das Bewußtsein der zweiten Stufe aufzuzeigen. Es entdeckt eine Trennung zwischen sich und der Umwelt, und seine Wünsche richten sich nach außen. Hier gibt es noch so etwas wie ein Anzeichen eines egozentrischen Standpunktes, der die Entwicklungsstufe des Es demonstriert. Was die Ausrichtung des Kindes vom zweiten zum dritten Dichtigkeitsgrad unter-

scheidet, ist das Fehlen einer eindeutigen Fähigkeit, zwischen sich und der Umgebung zu unterscheiden.
Etwa vom zweiten Lebensjahr an zeigt sich der dritte Dichtigkeitsgrad und wird zum grundlegenden Verhaltensrahmen. Hier findet die Entwicklung des Egos und die Wahrnehmung des Kindes statt, sich als separates Wesen zu sehen. Es sind die entscheidenden formativen Jahre. Ist diese Entwicklung unterbrochen (z. B. durch Mißbrauch), kann es geschehen, daß sich die Persönlichkeit spaltet und sich später im Leben fehlverhält. Viele Personen behalten die Ego-Orientierung der dritten Stufe ihr ganzes Leben lang bei.
Die Entwicklung des Super-Egos oder des höheren Bewußtseins ist ein typisches Merkmal des vierten Dichtigkeitsgrades. Die Menschen haben die Wahl, ob sie diesen Aspekt entwickeln. Dies ist eine Reintegration der Persönlichkeitsfragmentation, die durch den Geburtsvorgang hervorgerufen wird, ebenso wie die Integration auf einer spirituellen Ebene. Sobald die menschliche Rasse geschlossener in das vierte Bewußtseinsstadium übergeht, wird die Fragmentation der Persönlichkeit weniger sichtbar, und vielleicht werden die Kinder dann in einem früheren Entwicklungsstadium die Eigenschaften des vierten Stadiums zur Schau stellen und sie ihr ganzes Leben beibehalten.
In der Kindheit muß man lernen, wie man sich anpaßt und in einen arbeitsfähigen Rahmen einfügt. Gelingt dies nicht (wie z. B. bei Kindesmißbrauch), zeigt sich im Erwachsenenstadium sehr oft ein psychologisches Fehlverhalten. Krankheiten wie Persönlichkeitsspaltungen können auftreten, weil der natürliche Integrationsprozeß in das dritte Stadium während der Kindheit nicht vollzogen wurde. Einige außerirdische Zivilisationen haben gelernt, die Anfänge pathologischer Verwirrung in der Kindheit zu entdecken und umzuwandeln und haben daher keine pathologischen Fälle im Erwachsenenstadium.

Wenn verstanden wird, daß es keine Rolle spielt, wie weit eine individuelle Fragmentation (entweder auf Seelenebene oder in der Persönlichkeit) stattgefunden hat, und daß der Weg zurück nur über die Integration erfolgen kann, dann wird das Ziel niemals aus den Augen verlorengehen. In diesem Fall können wir nach Hause zurückkehren.

2
Die Entstehung der galaktischen Familie

»Ich bin Ra, aus dem die Zeit entsprang.
Ich bin die Nabe des Rades,
Ein Tagesstern gleitend über die endlose See.
Ich bin nicht die Ernte; Ich bin der Samen.
Ich bin nicht die Leier, Ich bin der Gesang.
Ich werde nicht vergehen.«

Ägyptisches Totenbuch

Als die erste Fragmentation durch das Prisma der Leier strömte, schuf sie eine Gruppe von Wesen, die auch Erschaffer genannt werden können. Die Erschaffer[3] stellten das Gruppenbewußtsein dar, das schließlich zur Menschheit wurde. Sie können sich bis in einen sehr hohen vierten Dichtigkeitsgrad projizieren, ihr normaler Daseinszustand ist jedoch nicht-physisch. Als sie sich von dem Stück des durch das Prisma der Leier strömenden Ganzen abtrennten, behielten sie eine Erinnerung, wenn auch etwas traumhaft, an die Vorstellung der Integration und den Grund ihrer Abspaltung. Sie sind es, die die Evolution der Menschheit planen. Sie spielen die Rollen des elterlichen Archetypus und der Balance zwischen der männlichen und weiblichen Polarität.

Die Erschaffer wurden sich der gewählten Blaupause bewußt, die entstand, als sie sich vom Ganzen abspalteten. Von der Blaupause wußten sie, daß »Kinder« die Kodierungen der »Eltern« tragen. Da sie die Rolle der Eltern spielten, lag es in ihrer Verantwortung, das Wachstum zu beeinflussen, das geboren werden sollte. In dem sie dies taten, *wurden* sie zur Blaupause, verstan-

3. Andere gebräuchliche Begriffe wie Wächter, die Ewigen, die Reflektoren, die Saer sind gleichfalls gültig.

den und lebten sie in dem Wissen, daß hierdurch weitere zukünftige Fragmente kodiert werden würden.
Die Erschaffer begannen, das natürliche Energiemuster der gerade eben erschaffenen polarisierten Realität zu verstehen. Es wurde ihnen klar, daß das neu abgespaltene Gruppenbewußtsein mit drei spezifischen Realitäten (z. B. Dichtigkeitsgrade) in Verbindung steht. Es ist ein Punkt reiner Positivität; 2. Es ist ein Punkt reiner Negativität; 3. Es ist ein integrativer Punkt von beiden. Die gegenseitigen Wechselwirkungen finden innerhalb der Linien statt, die mit jedem Punkt verbunden sind. Nur sehr wenige Bewußtseinsaspekte existieren innerhalb der Punkte, die die Leere darstellen. Diese Erkenntnis inspirierte sie dazu, ein Paradigma, bestehend aus polarisierter Realität, zu verstehen, und das war ihrem Verständnis nach etwas Aufregendes und völlig Neues. Die Abbildung des Paradigmas, so wie es in Erscheinung trat, wird weiter unten als zweidimensionale Zeichnung dargestellt.

Negativität – – – – – – – –		Integrativer		– – – – – – – – Positivität
–	⇨	Punkt	⇦	+

Die negativen und positiven Polaritäten bewegen sich auf die Integration zu.

Als sie über das Paradigma nachsannen, verstanden sie die Mechanismen, wie das fragmentierte Bewußtsein einstmals wieder zurück durch das Prisma der Leier strömen würde. Das obige lineare Modell kann zur Verdeutlichung der Dreierbeziehung auch folgendermaßen dargestellt werden:

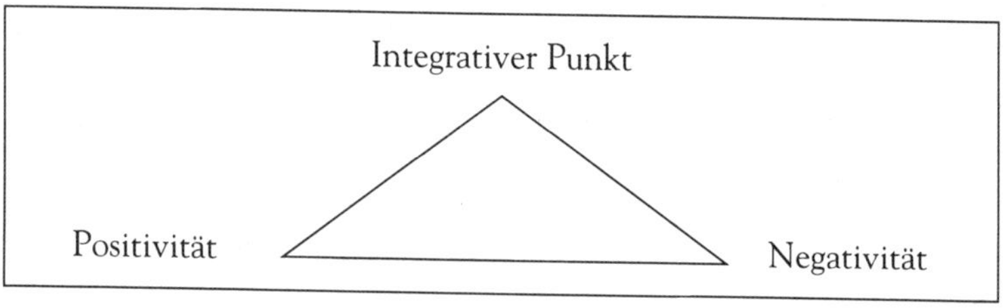

Diese Dreiheit stellt die Wahrscheinlichkeiten des integrativen Prozesses dar. Zivilisationen bewegen sich so lange rein zufällig (dem Chaos-Gesetz-gemäß) innerhalb dieser dreigliedrigen Schablone hin und her, bis eine Ausgewogenheit der Energie erreicht ist.
Wünscht eine Zivilisation oder ein Bewußtsein die Integration (die Bereitschaft, von beiden Polaritäten aus zu wachsen), bewegen sie sich, beflügelt durch den Impuls beider Seiten, ganz natürlich auf den integrativen Punkt zu. Dies kann als Zustimmung für die Integration gesehen werden. Sperrt sich auf der anderen Seite eine Zivilisation oder ein Individuum gegen die Integration, dann dehnt sich die Schablone aus, um diese Weigerung auf der entgegengesetzten Polarität angleichen zu können. Die erweiterte Schablone wird gegenwärtig hier nicht dargestellt.
Als sie glaubten, bereit zu sein, leiteten die Erschaffer eine erneute Fragmentation ein. Genau wie das Stück des Ganzen wißbegierig wurde und diese Sphäre aus ihren Gedanken schuf, so eiferten die Erschaffer ihren »Eltern« nach und wandten Gedankenenergie an, um sich selbst zu fragmentieren. Die Fragmentation geschah weit und breit; dem Gruppenbewußtsein der Erschaffer entsprang individualisiertes Bewußtsein, welches das Universum zu erkunden begann. Aufgrund dieser Fragmentation ist jedes Wesen der hier dargestellten galaktischen Familie ein Teil der Erschaffer.
Es gibt unendliche Zahlen von Fragmenten und ebenso viele Erkundungsreisen. Einige dieser Fragmente wuchsen zu Zivilisationen heran, die eine Rolle in der Entwicklung der Erde spielten. Etliche von ihnen, die Bezugspunkte in der uns bekannten Realität der Erde haben, werden in den folgenden Kapiteln untersucht.
Als die Erschaffer sich fragmentierten, gestatteten einige ihren Energien, sich ausreichend zu verdichten, um eine physische Realität betreten zu können. Die Erschaffer hatten bereits

Planeten ausgewählt, die humanoides Leben unterstützen würden. Dann geleiteten sie diese Fragmente behutsam in eine physische Existenz des dritten oder vierten Dichtigkeitsgrades. Als die Zeit verging, hatten sich die Fragmente an die physische Existenz gewöhnt, und die Unterstützung der Erschaffer (die noch in kleineren Zahlen existierten) wurde weniger benötigt. Das erste Gebiet, das besiedelt wurde, nachdem die Erschaffer sich fragmentiert hatten, lag im Bereich der Leier-Konstellation. Die meisten Zugehörigen der galaktischen Familie, die genetische Verbindungen zur Erde haben, entstammen dem Leier-System. Hier geschah auch der erste Versuch einer Integration. Die Erschaffer glaubten an eine leichte und vorhersagbare Integration; statt dessen verbreiteten sich die humanoiden Lebensformen exponentiell, bis ein dicht gewirkter Teppich entstand. Die Fäden dieses Gewebes wurden so miteinander verschlungen, daß der Ursprungsfaden sich im leuchtend bunten Teppichmuster verlor.
Es folgen die Hauptakteure aus der Sicht der Erde.

Leier

Der allgemeine »Geburtsort« der humanoiden Rasse. Alle humanoiden Rassen unserer galaktischen Familie haben ihre genetischen Wurzeln in der Leier. Symbolisch stellt sie die Harfe dar, auf der das Lied von der Menschheit ertönt.

Wega

Dies ist ein Stern innerhalb der Leier-Konstellation. Abkömmlinge der Leier. Die Wega gebar eine Rasse mit entgegengesetzter Polarität zur Leier, was sich in ihren Überzeugungen und Handlungen zeigt. Es gab häufige Konflikte zwischen den leieranischen und weganischen Rassen.

Apex Planet

Ein Planet im Leier-System, auf dem der erste Versuch einer integrierten Gesellschaft stattfand.

Sirius

Eine Dreier-Sternen-Gruppe, die in der Mythologie der Erde als Hundsstern bekannt ist. Sirius war eines der Gebiete, das von Wesen aus der Leier-Sternen-Gruppe kolonisiert wurde. Sirius verkörperte die Energie der dreischenkeligen Schablone und setzte den Vorstoß zur Integration fort. Es gibt hier eine Vielzahl von Bewußtseinstypen, die in dieses System inkarnieren.

Orion

Dies ist der »Kampfplatz« für die Herausforderung, die Polaritäten zu integrieren. Er wurde vom Sirius, der Leier und der Wega besamt. Es gibt eine direkte Verbindung zur Erde, wie später in den Kapiteln beschrieben.

Pleijaden

Sie wurden von den Abkömmlingen der Leier kolonisiert. Aus dieser Gruppe stammen hauptsächlich die außerirdischen genetischen Verbindungen der Erde.

Arcturus

Stellt einen Archetypus oder das zukünftige Selbst-Ideal der Erde dar. Arcturus hilft, persönliches oder planetarisches Bewußtsein zu heilen. Seine Vibrationen sind hauptsächlich im sechsten Dichtigkeitsgrad angesiedelt und werden dem Engelreich zugeordnet.

Zeta Reticuli

Diese Zivilisation ist eng mit der Erde verbunden. Die Reticuli sind die Hauptgruppe, die Entführungen vornehmen (oder exakter ausgedrückt »zeitweises Festhalten« praktizieren, denn diese Gruppe entläßt die Entführten immer). In den nachfolgenden Kapiteln wird mehr über diese Gruppe gesagt werden. Obgleich einige dieser Zivilisationen sich gegenseitig überschneiden in der Zeit und nicht linear betrachtet werden können, wird weiter unten eine lineare Darstellung der Progression der verschiedenen Kulturen im Vergleich zueinander aufgezeigt.

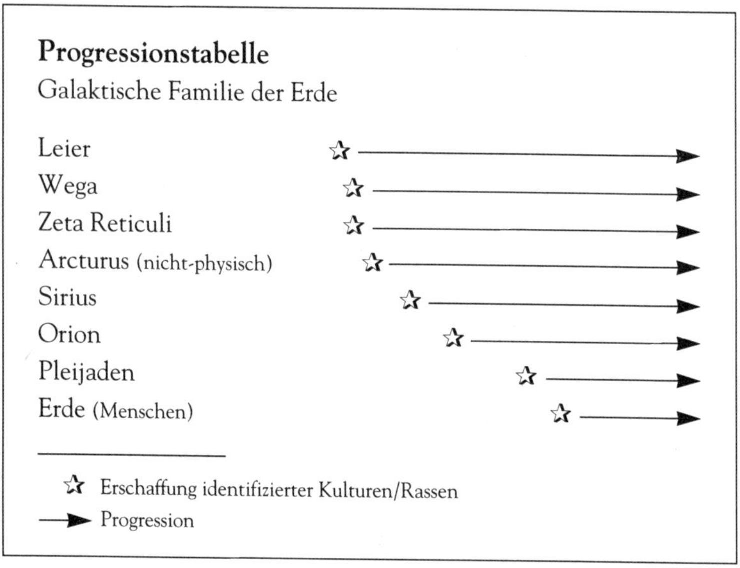

Diskussion

Hat man sich erst einmal vom anfänglichen Schock des Gedankens erholt, daß Außerirdische etwas mit dem Erbgut der Erde zu tun hatten, dann scheint dies eine logische Folgerung zu sein. Warum sollte die menschliche Rasse selbstherrlich glauben, allein für die genetische Vergangenheit der Erde verantwortlich zu sein? Auf der Erde haben Rassen neue Rassen »entdeckt« und damit begonnen, sie zu integrieren. Vor dieser Entwicklung wußten diese Rassen vielleicht nichts von der Existenz der anderen. Dieses Modell kann sowohl für das Universum als auch für den Planeten Erde gelten. Wieviele Darstellungen von Raumschiffen und ihren Piloten müssen noch gefunden werden, bevor die Menschen ihre Ängste in bezug auf die Entdeckung der Erd-Vergangenheit durchbrechen können? Eine der häufigsten Fragen lautet: Wenn es da draußen Außerirdische gibt, warum zeigen sie sich nicht? Eine Antwort kann in der Vorgehensweise gefunden werden, wie die Menschheit anthropologische Studien auf der Erde betreibt. Wissenschaftler marschieren nicht gleich kameraschwenkend in eine »primitive« Kultur. Für kulturelle Assimilationen benötigen sie manchmal Jahrzehnte. In ihren eigenen Augen mögen die Menschen sich als »zivilisiert« betrachten. Eine andere Rasse, die die Raumfahrt beherrscht und vielleicht globale Einheit erzielt hat, mag die Menschheit als primitiv ansehen. Vielleicht warten sie – versteckt in Büschen – und lassen sich nur von Einzelnen sehen, bis die ganze Gesellschaft erkennt, daß sie keine Bedrohung sind.

Doch was, wenn diese Entwarnung niemals kommt? Was, wenn die Menschheit weiterhin die Tatsachen ignoriert und hofft, daß der Spuk eines Tages vorbei sein wird? Viele Außerirdische glauben, daß es so und nicht anders sein wird. Alle nicht bedrohlichen Methoden scheinen bisher wirkungslos gewesen zu sein. Der maßgebende Spielplan in den letzten Jahrzehnten scheint ein höheres Potential zur Erweckung der Menschheit zu besitzen. Einige der Erdbesucher machen sich nun die Angst zunutze. Zu Zeiten ist die Gesellschaft schnell bereit, Negativität anstatt Positivität in Kraft zu setzen, so daß dieses System jetzt genutzt werden könnte, die Erde an ihre bisher verneinte Realität heranzuführen. Furcht erwacht, und zwar ziemlich stark. Vielleicht erklärt das die wachsende Beobachtung außerirdischer Entführungserlebnisse und ist die Methode, die Menschheit zu einer größeren Realität zu erwecken.

Auf der Entwicklungsstufe der Menschheit ist noch kein Modell für die natürliche Evolution eines Planeten formuliert worden. Es ist unverkennbar, daß eine Zivilisation nicht den Kosmos und die Krümmung der Raum/Zeit-Dimensionen erreichen kann, wenn sie nicht ihre Konflikte auf planetarischer Ebene lösen kann. Das erweiterte Bewußtsein, das für einen solchen Sprung erforderlich ist, kann von einem vereinten Ganzen abhängen. Ist das Ganze nicht integriert und ausgewogen, sind solche Versuche nutzlos. Der Menschheit werden diese Grenzen jetzt bewußt, man denke nur an die vielen erfolglosen Vorstöße in den Weltraum und an die beschränkten zur Verfügung stehenden Mittel für Raumfahrtprogramme. Die Erde mag noch nicht bereit sein. Die Menschheit möchte nach den Sternen greifen, kann aber nicht die Hand ihres Nachbarn ergreifen. Die außerirdische Verbindung ist wichtig, aber noch wichtiger ist die Entwicklung einer globalen Perspektive. Expansion erwächst aus Handlungen – die Forderung der Menschheit nach Verantwortung für die Erde. Die Außerirdischen werden nicht den Unrat der Menschheit bereinigen. Die Erde kommt ins Stadium des Erwachsenseins und ist flügge geworden. Es wäre zum Vorteil der Menschheit, den Gedanken, Opfer zu sein, aufzugeben, ihr göttliches Geburtsrecht einzufordern und den Himmel auf Erden zu schaffen. Die Außerirdischen können die Menschheit nur an ihr unbegrenztes Potential erinnern. Ihre Kommunikation (und das Bewußtsein an das Erbgut der Erde) kann verglichen werden mit einer baumelnden Karotte. Möchte die menschliche Rasse diese Karotte, dann muß sie alles Nötige veranlassen, um sie zu bekommen – sich einigen und sich integrieren.

3
Der Schoß der Leier

»Als ich entstand«, sagte er, »entstand das Sein.
Ich wurde zum Sein.
Ich sehe mich selbst, geteilt.
Ich bin zwei, vier und acht.
Ich bin das Universum in der Vielfalt.
Ich bin alle meine Transformationen.
Dieses ist meine Zusammensetzung.
Hier werden alle meine Selbste vereint.«

Ägyptisches Totenbuch

Vom Standpunkt einer Realität, die von physischen Wesen erkannt werden kann, haben die Erschaffer zwei Arme, zwei Beine, einen Kopf und einen Rumpf. Sie besitzen große, fragende Augen als Symbol ihres Wissensdranges und ihrer in ihnen ruhenden alten Erinnerung. Physische Wesen würden sie als insektenähnlich bezeichnen, sehr groß mit langen, anmutigen Gliedern. Menschen des dritten Dichtigkeitsgrades können sie wahrnehmen, wenn sie in eine höhere Stufe des vierten Dichtigkeitsgrades eintreten. Wechselseitige Beziehungen finden normalerweise in einem veränderten Bewußtseinszustand statt. Auf dieser Ebene scheinen die Erschaffer ätherisch und traumähnlich zu sein.[4]

Indem sie ihr Bewußtsein weiter fragmentierten, verdichteten die Erschaffer Energie zu Materie. So entstand der Prototyp einer physischen Rasse, in den die Mehrheit des humanoiden Bewußtseins inkarnieren würde. Auf meta-atomaren Ebenen existieren anordnende Kodierungen, die einen festen huma-

4. In Träumen können die Erschaffer als große Insekten wie Gottesanbeterinnen und sogar Grashüpfer auftreten.

noid-ähnlichen Körper in kohlenstoffhaltiger Umgebung als Vehikel für den physischen Ausdruck von Bewußtsein schaffen.[5] Die Erschaffer benutzten diesen natürlich auftretenden Code zur Bildung ihrer physischen und nicht-physischen Zustände. Diese Form reflektiert symbolisch die Aspekte des polarisierten Universums, das sie betreten hatten. Wiederum ist hier die Vorstellung enthalten, daß »Eltern« ihre »Kinder« nach ihrem eigenen Bildnis schaffen.

Die Erschaffer sind die energetischen Großväter der menschlichen Rasse. Es war ihr Wunsch, verschiedene dimensionale Aspekte ihrer selbst darzustellen. Diese würden die Wurzelformen des Lebens erzeugen, welche den Prozeß, Mannigfaltigkeit in die neugeborene Realität zu bringen, erleichtern würden. Die Erschaffer sind beides, der Ursprung und der Prototyp.

Als sie in dieser Lichtgestalt durch Verdichtung von Energie in Erscheinung traten, wurde ihnen bewußt, daß alles Leben eines Tages in die Erschaffer und anschließend in die Quelle zurückkehren würde. Bewußtsein wird sich zersplittern und fragmentieren, manchmal bis zur Erkenntnislosigkeit, aber letztendlich wird es *physisch*, geistig, gefühlsmäßig und spirituell in die Quelle zurückfließen.

Folglich unternahmen die Erschaffer den nächsten Schritt des Fragmentationsprozesses. Als erstes entwarfen sie die nötigen Pläne zur Verbreitung des Lebens im Leier-System. Sie wußten, daß mit der Zeit die Lebensformen sich ganz natürlich durch Anziehung zu planetarischen Zivilisationen hinbewegen würden.

Innerhalb der Leier-Sternen-Gruppe wurden Planeten ausgewählt, die diese neuen Rassen beherbergen sollten. Als sich auf

5. Dieses Gedankengut findet sich in Rupert Sheldrakes Untersuchungen mit den morphogenetischen Feldern wieder. Er zeigt, daß alle Formen von energetischen Feldern erzeugt werden. Diese Felder können unabhängigen Mitgliedern der gleichen Spezies Charakteristika vermitteln, obwohl sie nicht notwendigerweise in gleicher Umgebung leben.

diesen Planeten natürliches primitives Leben zu entwickeln begann, besamten die Erschaffer die entstehenden Primaten mit plasmischer Energie[6] auf meta-atomaren Ebenen innerhalb ihrer DNA-Struktur. Dieses geschah viele Generationen lang, bis die Primaten/Humanoiden die benötigten Gene besaßen, um den höheren Vibrationen des dritten Dichtigkeitsgrades standzuhalten. Bald danach sollte auf mehreren planetarischen Körpern der Inkarnationsprozeß mit leichten Abweichungen beginnen.

Die Erschaffer fragmentierten sich weiter, um das benötigte Bewußtsein für Inkarnationen auf diesen Planeten freizusetzen. Bei dieser Fragmentierung wurde jedes Bewußtsein auf dem Planeten magnetisiert, dessen Schwingungen am besten mit dem individuellen Fragment harmonierten.

Wie in dem vorhergehenden Kapitel beschrieben, kann die Grund-Schablone des Bewußtseins, die durch das Prisma der Leier fragmentierte, als Dreiheit angesehen werden. Sie repräsentiert eine Polarität, ihr Gegenstück und den Integrationspunkt. Die Erschaffer beobachteten diesen natürlichen Energiefluß, der in der sich entwickelnden Ur-Spezies zutage trat. Diese verschiedenen planetarischen Gruppen waren anfänglich homogen und zeigten keine offenkundige Neigung für den einen oder den anderen Aspekt der Schablone.

Mit der Zeit und durch die vermehrten Wechselbeziehungen zwischen Individuen und Gruppen polarisierten sich die Gruppen und nahmen entweder negative oder positive Standpunkte ein.[7] Einige Gruppen zeigten verschiedene Integrationsstufen. Dieses Szenario entsprach den Erwartungen der Erschaffer; jedoch entfaltete sich dieser Prozeß zu eigenständigem Leben. Als dieser Prozeß sich mehr und mehr ausweitete, begannen die Erschaffer die unendliche Widerspiegelung des Ganzen zu sehen,

6. Stark kondensierte Energie, die als Licht in Erscheinung tritt.

7. Diese negativen/positiven Orientierungen sind keine Bewertungen. Sie stellen lediglich Pole dar, gleichwertig, aber von entgegengesetzter Energie.

und sie wurde bis zu einem gewissen Ausmaß überwältigend für sie.
Als diese Gruppen sich entfalteten und fähig zur Raumfahrt wurden, waren sie dem Entwicklungseinfluß anderer planetarischer Gruppen im gleichen Gebiet ausgesetzt. Die Kulturen wuchsen und vermischten sich. Es wurden neue Lebensanschauungen geboren. Unter dem Einfluß dieser planetarischen Kulturen entwickelten die Leieranischen Rassen sehr schnell eine fortgeschrittene Technologie, eine umfassende Philosophie und entfalteten sich auch auf sozialem Gebiet. Dann trat die Dynamik der Schablone in Kraft.
Die Polaritäten festigten sich und erzeugten ihre eigene Polarisation, die ihrerseits wieder Polaritäten schuf. Negative Polaritäten spalteten sich auf und brachten ihre eigenen negativen/positiven Pole hervor. Die positiven Pole verfuhren ebenso. Das Feminine drückte sein Maskulinum aus und das Maskuline das Feminine. Polaritäten explodierten wie Viren innerhalb der einst blühenden Zivilisation.
Die einst einfache Spiegelung, die die Erschaffer ins Leben gerufen hatten, zerbrach in unendliche Fragmente. Sie hatten den direkten Kontakt mit den vielen genetischen Fenstern (physischen Wesen), die sie geschaffen hatten, verloren. Die physischen Wesen führten nun ein eigenständiges Leben, obgleich die ursprünglichen Programme als unterschwelliger Faktor ihre Entwicklung beeinflußten.
Die erste Gruppe, die sich als arteigene Nicht-Leieranische Spezies entfaltete, war die Weganische Zivilisation.[8] Sie entwickelte eine ausgeprägte Philosophie, hatte eine spirituelle Ausrichtung und fing an, sich von den Leieranischen Rassen abzusondern. Anfänglich war sie eine negativ orientierte Zivilisation, die durch den negativen Pol der Leier ausgedrückt wurde. Das kam daher, weil sie eine Philosophie hatte, die sich

8. Wega ist der Alpha-Stern (der hellste) in der Leier-Konstellation.

auf den Dienst am Selbst bezog (Kontraktion). Die Leier kann als positiver Pol betrachtet werden, weil alle anderen Zivilisationen aus ihr hervorgingen (Expansion).
Mit der Zeit gab es Reibereien zwischen den Leieranischen Rassen und den Weganischen Zivilisationen. Keine Gruppe entwickelte sich hin zur Integration. Beide besaßen in ihrer Natur den Konflikt der Polarität. Keine Gruppe hatte Recht oder Unrecht; sie alle vertraten die gleichen Ideen, allerdings von einer anderen Perspektive aus. Sie verstanden es nicht, ihre Energien ins Gleichgewicht zu bringen. Die Polarisation wurde größer, als sie mit den Beziehungen zwischen den Zivilisationen und zueinander rangen.
Es entstand eine dritte Zivilisation aus den Leieranischen Rassen. Da dieser Planet der Scheitelpunkt eines symbolischen Integrations-Dreiecks war (mit gleichzeitigen positiven und negativen Polaritäten), erhielt er den Namen Apex während dieser Entwicklungsstufe. Später wurde er zum kniffligen Teil des galaktischen Rätsels.
Die Charakteristika beider Zivilisationen, die Leieranischen und die Weganischen Polaritäten, bildeten die Zivilisation, die der Apex-Planet anzog. Genetisch stellten sie eine Mischung dar. Ihre Rasse besaß eine größere Vielfalt als gegenwärtig auf der Erde vorhanden. Es gab dunkel- und hellhäutige Menschen, Pazifisten und Eroberer, Artisten, Musiker und Soldaten. Selbst im Vergleich zu den Rassen unserer Erde waren sie ganz und gar nicht friedfertig. Diese Kultur spaltete sich so lange auf, bis die Polaritäts-Reibereien den ganzen Planeten in den Abgrund stürzten. Keine Lösung war in Sicht. Die Zukunft des Apex-Planeten erschien hoffnungslos – die Bewohner ließen es sogar zu, daß Verschmutzung und Waffenmißbrauch beinahe ihre Welt zerstörte.
Werden gegensätzliche Polaritäten forciert und nicht integriert, dann entsteht eine Fusion. Diese Fusion nahm auf dem Apex-Planeten die Form eines Atomkrieges an. Eine kleine

Anzahl der Bewohner rettete sich unterirdisch, aber die übrigen gingen an ihrer Unfähigkeit, sich zu integrieren, zugrunde. Es war interessant, was auf planetarischer Ebene geschah. Aus der Sicht eines Beobachters im Weltraum schien der Planet sich selbst zerstört zu haben. Aus der Sicht der unterirdisch Lebenden überlebten sie quicklebendig. Als Konzequenz der nuklearen Explosionen wurde der Planet in eine andere Dimension geschleudert.

Nach der verheerenden Umwälzung, die einherging mit hoher Verstrahlung, waren die Bewohner gezwungen, unterirdisch weiterzuleben. Als sie sich von ihrem emotionalen Schock erholt hatten, wurde es Zeit, die Scherben ihres Lebens aufzusammeln. Ihre Entwicklung und erstaunliche Transformation werden in den anschließenden Kapiteln näher beschrieben, denn sie spielen nicht nur eine wichtige Rolle in der Transformation des Erdplaneten, sondern auch in der galaktischen Familie und bei den Erschaffern.

Unterdessen entwickelten sich die Leieranischen Rassen und Weganischen Zivilisationen fort. Verschiedene Gruppen der Leieraner wollten sich der Auseinandersetzung mit den Weganern entziehen und versuchten, viele andere Gebiete zu kolonisieren. Ebenso entkamen Weganische Gruppen den Konflikten ihres Planeten und gründeten eine Anzahl von Zivilisationen wie Altair und Centauri (welche hier nicht beschrieben werden). Die scharf getrennten Linien nachweisbarer Philosophie und genetischer Geschichte verschwanden im Dunkeln. Die Menschheit verbreitete sich schnell und trug in sich die Samen der Erfahrung und Polarität. Die Bestimmung war für immer tief in die Seele eines jeden Wesens vergraben, und sie war es, die sie sanft vorwärtstrieb. Die Bestimmung war und bleibt die Integration.

Der Eintritt in die Polarität, durch die Erschaffer, war anfänglich nicht leicht. Sie hatten eine Gleichung geschaffen, die nach ihren Rechnungen aufgehen mußte. Genau wie bei der neuen Chaos-Theorie, wurde die Energiebewegung zwischen diesen drei Zivilisationen (Leier, Wega und Apex) unberechenbar. Es blieb der gesamten galaktischen Familie nichts anderes übrig, als abzuwarten und zuzusehen im Bewußtsein, daß es im Chaos Gesetzmäßigkeiten gibt – göttliche Gesetzmäßigkeiten. Diese frühen Erfahrungen prägen das ätherische Bewußtsein der Menschheit, sie sind die Erinnerung an das, was war und was sein wird. Die Menschheit steht in diesem Kampf nicht alleine da. Schweigend warten die Erschaffer. Sie sind nicht nur »dort draußen« zu finden, sondern auch innerhalb der Seele der Menschheit als Archetypen. Der Zyklus des Lebens und der Existenz ist lediglich ein Kreis; der Beginn und das Ende sind gleich. Wenn die Menschheit den Ruf der Evolution verspürt, dann sind es die Erschaffer, die durch Zeit und Raum ihre Botschaft flüstern. Sie sind Teil der Menschheit, der zu sich selber spricht. Vielleicht ist es an der Zeit, zuzuhören.

4
Der Sirius-Faktor

Lodernd wie der Stern, der zur Erntezeit erscheint,
der inmitten anderer Gestirne erstrahlt
in der Dunkelheit der Nacht,
es ist der Stern, den die Menschen Hundsstern
nennen.
Er ist der hellste von allen, dennoch hat er ein
böses Omen,
da er unseligen Männern Fieber bringt. *Illia*

Die Sphäre des Sirius war eine der ersten, die von dem wißbegierigen, durch das Prisma der Leier strömenden Bewußtsein – das sich von den Erschaffern abgespaltet hatte – erkundet wurde. Der Sirius ist ein wichtiges Symbol für die ganze galaktische Familie, er ist das Symbol der Dreiheit. Obwohl wissenschaftlich nicht einhellig von allen Astronomen bestätigt, ist der Sirius eine Dreier-Sternen-Gruppe.[9] Symbolisch stellt dies die Schablone dar – zwei Polaritäten an der Basis eines Dreiecks und das Verbinden oder die Integration der Polaritäten an der Spitze. Sirius spiegelt den grundlegenden Wunsch der galaktischen Familie wider, sich durch das Verbinden von Polaritäten wieder zu vereinigen.

Nach der Schöpfung wurden viele Bewußtseine, die im nichtphysischen Zustand zu verbleiben wünschten, von der Sphäre des Sirius angezogen. Sie legten die physischen als auch die nicht-physischen Grundlagen für die lebenswichtige Rolle, die

9. Einige Astronomen, wie Van Den Bos und Finsen am Union Observatorium in den zwanziger Jahren und auch kürzlich D. Lauterborn, sagen, daß der Sirius wirklich eine Dreier-Sternen-Gruppe ist. Aber es sind noch keine rechtskräftigen Daten darüber erstellt worden, die diese Aussage belegen.

der Sirius in dem sich entfaltenden Drama spielen sollte. Sie sollten zu den frühsten genetischen und ätherischen Baumeistern werden, die in die Fußstapfen der Erschaffer traten.
Das Kommende vorausahnend, gestalteten diese nicht-physischen Sirianer eine Welt des dritten Dichtigkeitsgrades (sie verwandelten Energie in Stoff), die im Laufe der Zeit physisches Leben tragen würde. Sie schufen ebenfalls mehr vibrationsmäßig orientierte Sphären für die Bewußtseine, die dort im nicht-physischen Zustand zu existieren wünschten. Aufgrund ihrer Fähigkeit, geeignete Sphären für alle Bewußtseins-Manifestationen zu schaffen, wurden sie bekannt als die Weisen vom Sirius.
Während der leieranischen und weganischen Konflikte bevölkerten Repräsentanten beider Polaritäten den Sirius. Sie hatten den Wunsch, sich hier zu vereinen. Die Weisen vom Sirius bereiteten sich auf einen Zufluß von gleichzeitig positiver und negativer Energie vor. Sie waren sich des Szenarios, das auftreten mußte, völlig bewußt.
Die Weganer, die die Sphäre des Sirius zu bewohnen wünschten, entschlossen sich, physisch in einer Realität des dritten Dichtigkeitsgrades zu inkarnieren. Kulturell waren sie stark auf das Maskuline polarisiert, und ihre Philosophie beruhte auf dem Gedanken der Herrschaft, die nur schwer in dem vierten Dichtigkeitsgrad aufrecht zu erhalten war. Sie glaubten, daß sie ihre Umgebung und ihre eigene Evolution kontrollieren müßten. Gemäß ihrer Vorstellung würde ihnen dies die Meisterschaft über ihre Sphäre geben. Ab diesem Punkt würde ihre Evolution im schnelleren Tempo vorangetrieben werden.
Aus diesem Wunsch heraus planten die Weganer die Kolonisierung eines Planeten, der eine der Sonnen des Sirius umkreiste. Sollten sie an ihrer philosophischen Orientierung der Herrschaft festhalten, dann würde die natürliche Polarisation gemäß dieser Philosophie nur in einem Dasein des dritten Dichtigkeitsgrades fortbestehen können. Sie mußten stark auf

das Physische konzentriert sein, einen Schleier der Illusion und des Vergessens schaffen, und zwar noch dichter als gegenwärtig auf der Erde. Sie waren so sehr von ihren eigenen Fähigkeiten überzeugt (und ahnten nichts vom Reiz der Trennung im dritten Dichtigkeitsgrad), daß sie den Evolutionsprozeß der primatenähnlichen Rasse, die sich auf ihrem erwählten Planeten entwickelte, eifrig vorantrieben. Sobald die DNA der eingeborenen Rasse ihren Wünschen entsprach, fingen sie an, sich zu inkarnieren.

Beinahe sofort verloren diese neuen Sirianer die Erinnerung an ihre Verbindung mit Wega. Der Schleier war zu dicht. Ihr Wunsch nach einem Erinnerungsverlust war so stark, daß sie sich ihres Ursprungs nicht erinnern konnten. Sie träumten und meditierten nicht. Sie unterhielten keine kreativen Aktivitäten, außer ihre Herrschaft aufrechtzuerhalten. Als ihr Eifer in die physische Realität hinuntergezogen wurde, kreierte er eine Kultur, die nach dem Wunsch von Herrschaft beseelt war – über einander und über das sie umgebende Universum.

Als sich dieser negative sirianische Planet entwickelte, entschloß sich eine leieranische Gruppe, sich in das Sirius-System vorzuwagen. Diese Wesen wünschten, in nicht-physischen Sphären zu verbleiben. Ihre Ausrichtung bestand in dem Dienst am Nächsten. Sie interessierten sich besonders für die Heilung von Wesen in Schmerz. Die Kombination von negativen Sirianern (die ihr spirituelles Selbst verneinten) und positiven, nicht-physischen Sirianern, die von der Leier abstammten (und es als ihre Pflicht empfanden, schmerzbeladene Wesen zu heilen) schuf eine dynamische Spannung, die durch das ganze Sirius-System drang und darüber hinaus.

Die Sage begann. Die Positiven bombardierten die Negativen mit Liebe und Heilungsenergie auf unbewußten Ebenen und dem Unterbewußtsein. Die begrenzte Sicht der Negativen führte zu psychologischen Schmerzen. Je mehr sie widerstanden, um so mehr wurden sie mit Heilungsenergie überflutet.

Dieses Wechselspiel rief Mißhelligkeiten hervor, die für alle Bewußtseine im Sirius-System untragbar wurden. Die Weisen des Sirius schalteten sich schließlich ein.
Es wurde beschlossen, den Konflikt in eine andere Sphäre zu verlagern. Diesmal würde die Integration aus einer weniger polarisierten Perspektive versucht werden. Die Weisen suchten nach einem Gebiet, in dem dieser Konflikt ausgetragen werden konnte. Es dauerte nicht lange, bis sie die elektromagnetischen Eigenschaften eines Gebietes, das Orion genannt wird, entdeckten. Hier beginnen die Mythen wie Sirius, der Hundsstern, den Weg für Orion, den Jäger, freimacht.
Nach der Entfernung des anfänglichen Konflikts aus dem Sirius-System verblieb nur die physische Zivilisation. Sie hatte sich gleichermaßen von der geistigen Energie abgeschnitten, so daß unmittelbar nach dem Tod eine sofortige Reinkarnation in dieses System stattfand, was die Entfremdung von irgendeiner Form von nicht-physischer Existenz zur Folge hatte. Aus diesem Grunde war sich die Mehrzahl der negativen Gesellschaft eines Konfliktes nicht bewußt und konnte deshalb ihre Bewegung ins Orion-System nicht nachvollziehen. Die Gesellschaft verblieb im Dunstschleier des Vergessens. Diejenigen, die die negative/positive Integration wünschten, wechselten jetzt vom Leier/Wega-System zum Orion anstatt zum Sirius über. Manchmal, allerdings recht selten, würde eine Seele aus der negativen Sirius-Welt erwachen und zur Arena des Orion überwechseln.
Aus der positiven (nicht-physischen) Perspektive des Sirius waren die Wesen jetzt imstande, die leidenden Negativen direkt zu beeinflussen. Viele gingen freudig aufs Geratewohl zum Orion, um diese Aufgabe zu erfüllen. Andere wünschten in der Sphäre des Orions zu verbleiben und sich auf ihre Heilkräfte zwecks anderer Ziele zu konzentrieren. Andere leieranische Positive kamen im Orion-Streit hinzu. Galaktische Geschichte wurde erstmals geschrieben.

Wegen des Wunsches der positiven Sirianer, physische Heilungen zu erleichtern (ihr Dienst an der Physis anstatt der Wahl zu inkarnieren), vereinten sie sich mit den Arcturus-Energien. Arcturus ist auf das Konzept der emotionalen Heilung ausgerichtet. Zusammen bilden sie die Sirius/Arcturus-Matrix. Diese Matrix hat ihren Weg beinahe in jeden physischen Planeten innerhalb der galaktischen Familie als holistische Energie gefunden und repräsentiert die Heilung von Körper, Verstand und Geist. Der Planet Erde hat die Sirius/Arcturus-Matrix in vielerlei Gestalt kennengelernt. Es ist eine archetypische Energie, die für viele Zwecke vom Einzelnen oder von der Gesellschaft genutzt wird. Sie ist geschmeidig und kann jeder beliebigen Definition angepaßt werden. Welche Form sie auch immer annimmt, sie ist dem Dienst der Physikalität gewidmet. Die Sirius/Arcturus-Matrix erinnert die Fragmente an ihre Verbindung zum Ganzen und an ihre natürlichen Fähigkeiten der Selbstheilung.

Ein kleiner Prozentsatz einer Gruppe positiver Sirianer entschloß sich ebenfalls zur physischen Inkarnation. Sie verwarfen jedoch die humanoide Gestalt und nahmen eine Form an, die mehr ihrer Natur entsprach. Diese Form sind die Cetacea. Delphine und Wale spiegeln die Umsetzung der Sirius-Energie in einer physischen, polarisierten Welt wider. In archetypischer Symbolik bedeutet Wasser das Unterbewußte. Cetacea schweigen – in den Ozeanen der Erde und in den Meeren des Unterbewußtseins der Menschheit. Sie verbleiben als Erinnerung an das menschliche Potential zur Integration.

Von allen Energien, die Teil der unmittelbaren galaktischen Familie sind, wird die Sirius-Energie weitgehend auf der Erde genutzt. Der Name Sirius bedeutet »der Funkelnde« oder »der Glühende«; er wird auch »Hundsstern« oder »Nil-Stern« genannt. Vielleicht wird er so bezeichnet, weil er der hellste und zweitnächste, sichtbare Stern zur Erde ist (8,7 Lichtjahre

entfernt). Viele alte Kulturen erkannten die Wichtigkeit der Sirius-Energie, besonders die Ägypter.
Zuzeiten wünscht das Sirius-Bewußtsein, seine Frequenzen zu verdichten, um für Menschen des dritten Dichtigkeitsgrades sichtbar zu sein. Während vieler ägyptischer Dynastien war es üblich, einen offiziellen Besuch vom Sirius in der Gestalt eines ihrer Götter (wie Isis, Osiris und Anubis) zu erhalten. Diese »Verkleidungen« erleichterten den Ägyptern die Verehrung ihrer Gegenwart, und oftmals lösten diese Besuche die Erinnerungen an sehr frühe Tage aus, als die »Götter« sichtbar auf Erden wandelten. Diese Sirianer vermittelten den Ägyptern (sowohl als auch anderen Kulturen auf der Erde) fortschrittliche astronomische und medizinische Information. Selbst heute noch suchen die Wissenschaftler nach dem Ursprung dieser Quellen.
Am anderen Ende des Globus hatten die Mayas eine einzigartige Beziehung zum Sirius. Fortschrittliche medizinische Praktiken und galaktische astronomische Informationen wurden ihnen vermittelt, die gegenwärtig noch nicht von modernen Wissenschaftlern enträtselt sind. Sie hatten einen mehr persönlichen Kontakt zu den Sirianern. Die Mayas waren in einem Sinne Touristen aus der Sphäre des Sirius (auf Erden inkarniert), die die Physikalität aus der Nähe betrachten wollten. Die Beziehung der Sirianer zu den Mayas war so intim, daß ihnen die Sirianer die Technik der Transmutation – vom Stoff zur reinen Energie/zum reinen Bewußtsein – mitteilten. Als ihre Lektionen beendet waren, verschwand (transmutierte) die Rasse der Mayas und hinterließ der Menschheit eine Spur, der sie folgen sollte.
Diese Sirianer hinterließen den nachfolgenden Generationen viele noch zu lösende Rätsel. Eines dieser Rätsel ist der Kristallschädel.
Der Kristallschädel könnte die unbegrenzte Natur des Menschen und seines Bewußtseins darstellen. Blickt man in ihn

hinein, kann man die Vergangenheit und die Zukunft spüren. Die Menschen haben noch nicht gelernt, wie man die Daten und Gefühle umsetzt, die ausgelöst werden, wenn man in ihn hineinschaut. Vielleicht wird eines Tages die in ihm gespeicherte Information Funken von Erinnerungen in der Menschheit auslösen; – wie vielleicht beabsichtigt von den Sirianern. Sie sind eine der ersten Gruppen, die, auf vielerlei Weise, Hinweise auf die Vergangenheit der Erde hinterlassen haben.

Es ist wichtig, zur Kenntnis zu nehmen, daß die Sirianer nicht als eine Gruppe von Außerirdischen anzusehen sind, sondern als Gruppenbewußtsein, das sich gleichzeitig physisch und nicht-physisch ausdrückt. Sie waren eine leitende Kraft für die sich entwickelnde Zivilisation auf der Erde. Wie aus den weiteren Kapiteln ersichtbar wird, sind sie eine der prägendsten Wesenheiten in der Erschaffung der menschlichen Rasse auf der Erde.

Kehren wir zum negativen Sirius-Planeten zurück, dann zeigt die Erde eine analoge Umsetzung seiner Philosophie auf. Die Praxis, die als »schwarze Magie« oder »dunkle Künste« bezeichnet wird, wurzelt in der Philosophie der negativen Sirianer. Innerhalb der ägyptischen Kultur fand die organisierte Verehrung der negativen Kraft in Tempeln und bei der Priesterschaft des Seth statt. Diese Philosophie lehnt die Idee der Wiedereingliederung in das universelle Gewebe ab. Diejenigen, die diese Philosophie ausüben, betrachten sich als einzigartig, sind isoliert und egozentrisch. Die Illusion, die sie geschaffen haben, ist die der Nichtverantwortlichkeit für ihre Taten. Oft dauert es viele Leben, bis sie erkennen, daß ihre Handlungen und ihre Überzeugungen die Realität schaffen, der sie zu entkommen wünschen.

Eine andere Umsetzung des Sirius-Einflusses auf der Erde, von einer leicht negativen Perspektive aus gesehen, sind die Illuminati. Die Illuminati sind eine Gruppe physischer oder nichtphysischer negativ orientierter (einige sind sogar positiv ausgerichtet) Außerirdischer, die als physische Wesen seit Bestehen der Erde hierher kamen.[10]

Diese Wesen meinen, daß sie nicht die Anerkennung (oder Macht) bekamen, die sie zu verdienen glaubten.[11] Viele dieser frühen Bewußtseine von anderen Planeten, die mit der Menschheit wechselseitige Beziehungen unterhielten, erlaubten ihren Energien oder ihrem »Werdegang«, sich zu entfalten und zu Archetypen zu werden, um der Erde behilflich zu sein. Sie identifizieren sich mit dem Gedankengut der Kontrolle. Können sie über andere keine Kontrolle ausüben, dann glauben sie, nicht zu existieren, denn sie fürchten sich vor der Nicht-Existenz. Diese Motivation hat sie dazu geführt, seit Anbeginn in die Entwicklung der Erde einzugreifen. So wie lästige Insekten sind sie eine Plage, aber verursachen selten ernste Probleme. Nur die Individuen, die kein Gefühl für ihre eigene Kraft haben, gehören jenen Machtstrukturen auf der Erde an, die auf Furcht und Machtlosigkeit beruhen und vorankommen. Sie können niemanden beeinflussen, der sie nicht einlädt. Alles steht und fällt mit der Entscheidung, die eigene Kraft einzusetzen.

Schließlich kommen wir zu der gegenwärtigen Manifestation der Sirius-Energie, die mit dem Auftreten bedrohlicher Außerirdischer, wie in UFO-Literatur beschrieben, zu tun hat. In der Hauptsache sind stark negative UFO-Erlebnisse wie Rinder-Verstümmelungen, und die »Männer in Schwarz« mit negativen Sirius-Gruppen (und Orion) in Verbindung zu bringen, die hauptsächlich mehr Angst als Schaden verbreiten. Manchmal können die physischen Sirianer (und die vom Orion) die

10. Die Illuminati bestehen nicht nur aus Sirianern. Andere Gruppen, wie die vom Orion, gehören dieser Struktur der Illuminati an.

11. Diese Wesen repräsentieren nur einen kleinen Prozentsatz des Sirius-Bewußtseins. Seit der Erschaffung der Erde hat der Planet etliche starke positive Beziehungen mit Wesen vom Sirius entwickelt, von denen einige die hauptsächlichsten Förderer der Menschheit waren.

Schutzschilde im Sonnensystem durchbrechen und Verwüstungen anrichten. Was ist ihre Motivation?
Indem man die alten sumerischen Texte über die frühe Geschichte und die Konflikte der Götter durchforstet, erhält man ein klares Bild davon, daß die Erde (ganz oder zu Teilen) in territoriale Kämpfe verschiedener Gruppen zu unterschiedlichen Zeiten miteinbezogen wurde. Oft ist die Frage gestellt worden, warum die Sirianer so sehr bei der Entwicklung der Erde verwickelt sind. Sollte es stimmen, daß der Sirius eine Dreier-Sternen-Gruppe ist (wie die astronomischen Überlieferungen des Dogon-Stammes besagen), dann könnte es sein, daß Sol (die Sonne der Erde) der dritte Stern ist oder einmal war. Falls dies der Fall sein sollte, könnte die Erde seit ihrer Entstehung ein Teil der territorialen Auseinandersetzung zwischen den Sirianern gewesen sein. Dies würde erklären, warum die negativen Sirianer es als ihr Recht ansehen, auf der Erde gemäß ihren Wünschen zu verfahren, und warum sie andere Außerirdische beschuldigen, sich in die internen sirianischen Affairen einzumischen und dadurch viele historische Auseinandersetzungen hervorgerufen zu haben. Die Sirianer mögen die Erde als Teil ihres Territoriums ansehen. Gegenwärtig ist Sol nur 8,7 Lichtjahre vom Sirius-System entfernt, welches von unseren Astronomen als Teil unserer lokalen Sternenfamilie angesehen wird.
Viele der früheren Sirianer waren ziemlich geschickt auf dem Gebiet der Gen-Manipulationen. Seit das Leben auf der Erde begann, haben die physischen Sirianer den frühen Menschen latente DNA-Kodierungen eingepflanzt. Wenn die Wesen der Erde eine bestimmte vibrationsmäßige Frequenz als Rasse erreicht haben werden, wird dieser Code ausgelöst. Er wird denen, die sich auf der Erde befinden, helfen, sich an die galaktische Vergangenheit der Menschheit zu erinnern. Gegenwärtige negative Sirianer fürchten sich vor diesem Zeitpunkt. Sie haben sich fortlaufend daran gehindert – aus Furcht vor der Nicht-

existenz –, in den vierten Dichtigkeitsgrad überzuwechseln. Sie befürchten, sollte die Erde hinüberwechseln, daß sie ebenfalls den Sprung machen müssen und damit zu existieren aufhören. Sie sind davon überzeugt, daß die Erde, wenn sie die Gesellschaft in Angst und Schrecken gefangenhalten, diesen Wechsel nicht vollziehen kann. Sie können nicht wirklich das Schicksal der Erde bestimmen, denn die Menschen haben mehr Macht, als die Sirianer es zu erkennen vermögen. Aber sie werden sich nicht abhalten lassen. Sie kennen keinen anderen Weg.

Ob es sich um physische Außerirdische oder archetypische Energie handelt, die Energie des Sirius ist mit der Menschheit verflochten. Sie ist reich an Wissen und eine Herausforderung. Man sollte sich immer daran erinnern, daß der Sirius eine Dreiheit ist und was sie ausdrückt – die Integration beider Polaritäten –, und sie ist die Bestimmung der Erde.

5
Die Winde des Orion

»Umgürtet von vielen glänzenden Sternen
stand aufrecht der große Riese Algebar,
Orion, Jäger der Tiere.
Schimmernd an seiner Seite hing das Schwert,
und auf seinem Arm das Löwenfell.
Verstreut in den mitternächtlichen Lüften
der goldene Glanz seiner Haare.«

Longfellow

Treffen zwei entgegengesetzte Polaritäten aufeinander, dann ziehen sie sich an. Versuchen sie zu fusionieren (anstatt zu integrieren), geben sie eine gewaltige Kraft von Energie ab. Sie sprühen Funken, sie verursachen Veränderung und manchmal sogar Schmerz.

Dies war der Fall mit den Zivilisationen der Leier, die eine Integration mit den Wega- und den Sirius-Sternensystemen versuchten. Anfänglich wurden die Streitigkeiten da draußen ausgetragen, dann weiteten sie sich energetisch bis zum Orion aus. Sie begannen als leieranischer Konflikt. Über Generationen hinweg wuchs er zu einem neuen Rassenkampf zwischen den Bewohnern des Orions heran. Mit den Generationen verlor sich das Wissen auf beiden Seiten, wofür gekämpft wurde. Dennoch endeten die Qualen nicht.

Die Interessen waren klar abgesteckt. Die »negative« Seite vertrat die Ansicht, dem Selbst zu dienen. Ihre Philosophie lautete: Dient man dem Selbst, dient man dem Ganzen. Sie verstanden nicht, daß sie in Wirklichkeit das Ganze *verneinten*, als sie an dieser Philosophie festhielten und sie lebten. Sie war eine Umsetzung ihres Bedürfnisses, Macht auszuüben.

Es waren wirklich dunkle Zeiten. Die Herrschaft brachte Verhaltensweisen mit sich, welche die Erdbevölkerung niemals erfahren hat. Genetische Manipulationen mit Blutlinien waren üblich, um dadurch Macht zu verwässern oder zu verstärken. Was die Menschen schwarze Magie nennen, war allgemeine Praxis. Die Wesen waren so von ihrer eigenen Furcht durchsetzt, daß sie alles zu vernichten trachteten, was anders war als sie. Die Legenden der Erde über Säbelrasseln und Hexerei sind eine blasse Erinnerung – gespeichert im Gedächtnis der Ätherzellen – an die dunklen Zeiten des Orion.

Die »positive« Seite vertrat den Gedanken des Dienstes am anderen. Es war ihre Überzeugung, daß man nur dann überleben konnte, wenn man anderen dienstbar war, sogar auf Kosten des Selbst. So entwickelte sich eine interessante Dynamik. Auf der einen Seite gab es die, die herrschten, auf der anderen Seite jene, die nur allzu willig waren, die Rolle der Opfer zu spielen. Diese »Positiven« glaubten, daß sie zur Unterstützung des Ganzen, dem Ganzen dienen und ihr Selbst preisgeben sollten. In Wirklichkeit verneinten sie sich selbst als wertvollen Teil des Ganzen.

Die Orion-Zivilisation war eine der wenigen, die sich technisch hoch entwickelte, obwohl sie noch inmitten eines starken spirituellen Konfliktes stand. Äonen vergingen, in denen dieses Drama gespielt wurde. Es begann mit grundlegenden emotionalen Manipulationen, die alle Facetten des gesamten Spektrums umfaßten – Manipulationen mit hoch entwickelten technologischen Werkzeugen. Reinkarnationsmäßig gesprochen, inkarnierten sich dieselben Seelen wieder und wieder. Sie wechselten die Seiten und versuchten einen Weg zu finden, den Konflikt ins Gleichgewicht zu bringen.

In der Orion-Geschichte hat es unterschwellig immer Widerstand gegeben. Durch die Zeitalter hindurch wuchs und schwoll seine Stärke auf und ab wie der Puls ihrer gigantischen roten Beteigeuze. Meistens wurde die Widerstandsbewegung

von den »Negativen« entdeckt, aufgelöst und bestraft. Jedesmal, wenn ihr Impuls zu groß wurde, sandte sie Strahlen aus, und sie wurden entdeckt.
Als sich die Philosophie des Widerstandes verhärtete, wurde es offensichtlich, daß sie die Ausstrahlung ihrer Ideen verhindern mußten. Sie entschlossen sich daher, sie symbolisch aufzusaugen. Sie erlaubten den Leuten, sich ihnen zu *nähern*. Sie wurden wie ein unsichtbares Schwarzes Loch, aber die Kraft und der Impuls ihrer Energie waren so machtvoll wie ein stiller Wind. Ihre Organisation nannte sich die »Schwarze Liga«. Der Schwarze Drache wurde zum Symbol ihres Kampfes. Eine neue Seite des Dramas entfaltete sich.
Jetzt gab es drei Parteien unter den Streitenden: die Beherrschenden, die Opfer und die Resistenz (genährt durch die Reibung beider Polaritäten). Die Schwarze Liga konnte recht erfolgreich die Anstrengungen der Herrschenden (bekannt als das Orion-Reich) durchkreuzen; aber nur so weit, um ihren Impuls zum Stillstand zu bringen. Die Energie geriet ins Stocken. Die Seelen der Unterdrückten verzweifelten. Sie kannten das Ausmaß der Kontrolle im Orion-Reich. Es hatte Wege gefunden, die Astralkörper zu kontrollieren. Der Tod war keine Freiheit mehr. Viele Individuen studierten bei ketzerischen Lehrern, um das alte Wissen dimensionaler Bewußtseinsreisen zu erlernen. Einige waren erfolgreich, und sie fanden einen Weg, der sie für immer aus dem Orion-System entfernte. Durch zielgerichtete Konzentration und Abnabelung vom Orion-Massenbewußtseins-Glaubenssystem konnte ein kleiner Prozentsatz ihre Körper verlassen (sterben) und solche Wesen orten und anpeilen, die entflohen waren oder sich auf der Erde, vom Orion kommend, inkarniert hatten.[12] Nach der Ortung dieser Wesen war es der Orion-Wesenheit möglich, ein Fenster zu

12. Die Wesen vom Orion hatten die Fähigkeit, Individuen der Erde in der Vergangenheit, Gegenwart und Zukunft der Erde zu orten.

öffnen, durch das sie reisen konnte. Wenn sie durch das Fenster reiste und auf der Erde inkarnierte, »verlor« sich dieses Wesen im Massenbewußtsein der Erde. Das war ein sicherer Mechanismus: kannten sie ihre eigene Identität nicht, konnten sie vom Orion-Reich nicht verfolgt werden.

Die Flüchtlinge wurden in den Reinkarnationskreis der Erde gezogen und spielten höchst wahrscheinlich unbewußt das Orion-Drama in ihren Seelenmustern aus. Manchmal wurden sie unmittelbar von den Repräsentanten des Orion-Reiches durch das Fenster verfolgt, die sich dann ebenfalls in dem Massenbewußtsein der Erde »verfingen« und den Reinkarnationszyklus beginnen mußten. Inkarnierten sie, dann trugen sie den alten Orion-Wunsch nach Kontrolle in sich.

Als die Verzweiflung zunahm, entschied die Schwarze Liga, noch härter durchzugreifen. Sie hatten Leute, die ein doppeltes Spiel spielten. Geschmuggelte Berichte von Informanten stärkten die Widerstandsbestrebungen. Sie schlugen jetzt mit den Taktiken der Gegner zurück. Das geschah alles im Namen der Freiheit. Schließlich lernten sie, daß Freiheit ein flüchtiges Gut ist, und der Konflikt eskalierte.

Die Schwarze Liga verstand nicht, warum sie trotz all ihrer Anstrengungen die Opfer nicht befreien konnte. Entmutigung griff um sich. Die Leute hungerten nach irgendeiner spirituellen Form, aber alles, was sich ihnen bot, war nagende Leere und Furcht. Nichts gelang. Etliche Generationen lang stagnierte die Schwarze Liga, sie war zur Idee geworden und nichts weiter.

Dann geschah ein Wunder. Während der generationslangen Stagnation keimte ein Samenkorn heran. Eine Seele, die alle Hoffnungen und Träume der Rassen auf dem Orion verkörperte, inkarnierte. Sie war weder mit Haß noch Furcht behaftet. Als sie geboren wurde, wurde die Seele in einer energetisch und emotional neutralen sicheren Umgebung tief im Inneren des Planeten gehalten, so daß sie sich nicht polarisieren konnte. Im Erwachsenenalter begann sie zu lehren. Was sie lehrte, be-

leuchtete den Kampf aus einer anderen Sicht und konnte ihn ein für allemal beenden.
Die Seele lehrte die universellen Gesetze. Positivität kann nicht durch Negativität erlangt werden. Die Schwarze Liga beschoß Feuer mit Feuer und entzündete einen Brand anstatt den Frieden. Man mußte die Positivität und die Negativität ins Gleichgewicht bringen. Man sollte *lieben*, nicht fürchten. Die Gedanken an Frieden und an Freiheit sollten so sehr geliebt werden, daß man sie in der Seele lebt – trotz aller äußerlichen Geschehnisse. Die Schwarze Liga lernte, daß ihre Absichten gut waren, ihre Taten hingegen das hervorriefen, was sie verabscheuten.
Diese Erkenntnis geschah auf der Massenebene. Sie öffnete neue spirituelle Türen für die Leute dieser unterdrückten Welten. Sie hatten einen langen Weg vor sich, aber jetzt wußten sie, wo sie beginnen konnten.
Als die Dynamik auf höheren Ebenen verstanden worden war, beschlossen sie, diese Energie zu transmutieren, in dem sie in die Galaxis hinausgingen, um neu zu beginnen. Von diesen höheren Ebenen aus baten sie die Erschaffer, ihnen bei der Auswahl einer Welt behilflich zu sein. Das Hauptanliegen dieser abenteuerlustigen Wesen war die Versicherung, daß ihnen alle Werkzeuge auf der neuen Welt zur Transmutation der Orion-Energie gegeben werden würden. Freier Wille/Wahl war das erste Werkzeug, ebenso eine latente DNA-Kodierung, die den Wunsch nach gesellschaftlichem Überleben auslösen sollte, wenn die Möglichkeit einer Selbstzerstörung bestünde. Die Welt, die ausgesucht wurde, war die Erde. Die Erschaffer verpflichteten verschiedene physische Gruppen, die Schöpfung des Homo sapiens auf der Erde durchzuführen. (Siehe Kap. 9)
Die Erde hat das Orion-Drama – in einem Versuch, die Polaritäten ins Gleichgewicht zu bringen – in der gesamten Menschheitsgeschichte widergespiegelt. Der Untergang von Atlantis, der des Römischen Reiches, die noch stattfindenden

Religionskriege: sie sind alle Beispiele für zutage tretende Erinnerungsmuster an den Orion, die bereinigt werden müssen. Während all dieser Dramen hat die menschliche Rasse überlebt und sich völliger Unterdrückung widersetzt. Die Menschheit fährt fort, dieselbe Dynamik zu nutzen: Opfer, Täter und Widerstand. Diesmal jedoch beginnt das Licht sich auszubreiten, und sogar der Widerstand lernt, daß man Feuer nicht mit Feuer bekämpfen kann.

Die gegenwärtige Orion-Zivilisation, die im gleichen Zeitkontinuum wie die augenblickliche Erde existiert, hat bereits ihre Wunden geheilt. Weil die Erde noch immer mit der Vergangenheit des Orion beschäftigt ist, um sie für sich selbst ins Gleichgewicht zu bringen, wird der erste Kontakt der Menschheit zum Orion als negativ angesehen. Das Phänomen der Männer in Schwarz als auch das Auftreten eines Teils der Illuminati-Struktur spiegeln das vergangene Bedürfnis des Orion nach Kontrolle wider.

Die Männer in Schwarz (MIBs) entstammen vielerlei Quellen. Einige sind menschliche Inkarnationen vom Orion und/oder sind von negativer Sirius-Energie, andere wiederum sind einstige Bewohner des Orion, die in die Zukunft auf die gegenwärtige Erde gereist sind (einschließlich der Orion-Reich-Repräsentanten, die im Erd-Massenbewußtsein hängenblieben, als sie die Flüchtlinge des Orions verfolgten). Sie sehen die Erde als Bedrohung an. Aus ihrer Sicht magnetisiert sie durch ihr Erwachen und ihre Befreiung die unterdrückten Orion-Wesen, die hier Freiheit suchen. Sie möchten die Gelegenheits-Fenster für die Opfer des Orion geschlossen halten, der Erde keine Machtbefugnis zugestehen und selbst völlige Kontrolle ausüben. Die MIBs stellen nur eine Manifestation dieser Idee dar; normalerweise wird sie auf der Erde auf subtilere Art ausgeführt. Die Individuen, die das Muster der Unterdrückung in sich tragen, handeln aus ihrem Seelengedächtnis heraus und sind sich ihres Wunsches nach absoluter Kontrolle nicht bewußt. Untersucht man die Begegnungen im 20. Jahrhundert mit den MIBs, dann stößt man auf das ironische Verhalten dieser Wesen – sie funktionieren auf einer äußerst eigenständigen Ebene und scheinen niemals Macht für sich zu beanspruchen, obwohl sie diese so engstirnig den Menschen zu entreißen versuchen. Dies führt zur Vermutung, daß der MIB nur eine Schachfigur in einem vielleicht noch bizarreren Machtkampf ist.

Das Orion-Drama ist kein Versuch, jemandem etwas anzutun. Alle, die an der Transmutation der Erde teilhaben wollen, spielen aus freiem Willen mit. Diese Transmutation/Integration wird die gesamte galaktische Familie, die durch den Schöpfungsprozeß entstand, beeinflussen und den Prozeß der Reintegration durch das Prisma der Leier einleiten. Die integrierten Polaritäten können somit als »Licht des Orion« bezeichnet werden.

Es wurden Stufen in das Transmutations-Projekt eingebaut, von denen aus die Erschaffer den Fortschritt beurteilen können. Die erste Stufe war das einfache Aussäen und die Entwicklung von Leben im dritten Dichtigkeitsgrad. Dafür wurde ein starker genetischer Zweig auf der Erde ausgesucht. Die darauf folgenden Stufen enthielten die verschiedenen Entwicklungen der Zivilisation. Der einschneidendste Schritt geschieht gegenwärtig auf der Erde – die Massen-Erweckung von Millionen von Seelen zu einem höheren spirituellen Ziel.

Dieses Erwachen geschieht ganz natürlich und beschleunigt die Kluft zwischen dem positiven und negativen Pol (so wie gegenwärtig ersichtlich in der Gesellschaft). Die Betonung der Kluft führt dazu, die Wahl, die die Gesellschaft zu treffen geneigt ist, zu polarisieren und hervorzuheben – und unterstreicht, daß die Wahl zum jetzigen Zeitpunkt getroffen werden *muß*. Die Menschheit besitzt nicht in dem Maß die Häßlichkeit und den Schmerz einer qualvollen Vergangenheit wie der Orion. So wie die Erde erwacht, werden all die Werkzeuge sichtbar, die es der

Menschheit ermöglichen, Verantwortung für das Ganze und für das Selbst zu übernehmen. Die schmerzvollen Orion-Erinnerungen mögen weiter zutage treten, aber ihre Heilung wird durch den Aufruf der Menschheit nach Freiheit und freier Wahl stattfinden.

Als der Schöpfungsprozeß ins Leben gerufen wurde, gab es einige Individuen und Gruppenbewußtseine, die untätig zu verbleiben wünschten. Sie gestatteten es sich, als Archetypen zu dienen und konnten bei Bedarf erweckt werden. Einige gestatteten ihren Fragmenten sogar, zu inkarnieren. Ein Beispiel ist das Bewußtsein, bekannt als Merlin. In der Zeit des Orion-Dramas weckte die Reibung beider Polaritäten den schlafenden Magier. »Er« wurde zur führenden Kraft im Streben nach Integration von physischer und nicht-physischer Sicht aus. Fragmente seines Bewußtseins inkarnierten mit Unterbrechungen, um eine Erinnerung an die Vergangenheit auszulösen und eine Vision der Zukunft zu geben. Er ist auf vielen Welten unter verschiedenen Namen gewandelt, hat aber stets die eigene Schönheit oder Häßlichkeit widergespiegelt. Seine Energie war mit der Erde seit Anbeginn verbunden.

Die Erschaffung des Homo sapiens auf der Erde wird in den nachfolgenden Kapiteln ausführlicher untersucht. Gegenwärtig muß festgehalten werden, daß dieses Drama kreiert wurde, damit es erfolgreich endet. Die meisten Seelen, die sich auf der Erde inkarnieren, sind (zu unterschiedlichen Graden) in das Orion-Drama verwickelt. Jede ist hier durch eigene Wahl. Der Zeitpunkt, an dem man aus dem Glauben heraus handelt, daß die Menschheit gegen ihren Willen hier ist, ist der Zeitpunkt, an dem man auf persönlichen und planetarischen Einfluß verzichtet.

6
Die Pleijadischen Vettern der Erde

»Viele Nächte unterm efeuumrankten Fensterflügel,
unter dem ich mich zur Ruhe niederlegte,
schaute ich zum großen Orion auf,
der langsam zum Westen zog.
Viele Nächte sah ich die Pleijaden
aufsteigen durch den sanften Schatten,
glitzernd wie ein Leuchtkäferschwarm,
verflochten wie in einer Silberschnur.«

Tennyson

Die ersten Auseinandersetzungen zwischen den Polaritäten fanden in der frühen Entwicklungsperiode des Leier-Systems statt. Einige Leieraner manifestierten die Idee der femininen Polarität – intuitiv und stattgebend. Sie glaubten, daß innere Entwicklung der Weg zur Reintegration sei. Andere Leieraner jedoch polarisierten das Maskuline. Ihre Philosophie enthielt den Gedanken, daß man zur Weiterentwicklung das bekannte Universum beherrschen mußte. Dieses säte Zwietracht zwischen beide Gruppen.

Als sich die Leieranische Zivilisation entfaltete, beschloß eine Gruppe, ihre Kultur weit weg von dem auszubauen, was sie als negativen Einfluß betrachtete. Sie suchten in der Galaxie nach einem neuen Zuhause. Auf ihrer Suche fanden sie einen jungen Planeten, der reich an natürlichen Ressourcen war. Dieser Planet war die Erde.

Einige Generationen lang lebte diese Gruppe friedlich neben der sich entwickelnden primitiven Rasse auf der Erde. Nach langen Zeitepochen stellten sie fest, daß sie sich nicht – so wie gewünscht – der physischen und elektromagnetischen Umgebung der Erde anpassen konnten. Während dieser Zeit verleibten sie sich kleine Mengen Gen-Material ein, das von Primaten stammte, damit es ihnen bei der Anpassung an die Erdumgebung behilflich sei. Über Generationen veränderte sich ihre DNA leicht, wodurch sie anpassungsfähiger wurden.

Während diese Erd-Leieraner sich Gene der Primaten einpflanzten, waren andere Leieraner-Gruppen auf der Erde, um die Wünsche der Erschaffer und ihre eigenen zu erfüllen, indem sie den Primaten leieranische Gene einsetzten. Durch die Ankunft dieser Leieraner belebten sich die Konflikte der Erd-Leieraner, vor denen sie geflüchtet waren, und so suchten sie zur Kolonisation nach einem anderen planetarischen System. Sie wünschten – unberührt von den alten Konflikten ihrer Vergangenheit –, eine neue Kultur aufzubauen und erkundeten großflächig die Region, bevor sie sich für den blauen, jungen Sternenhaufen der Pleijaden entschieden.[13]

Als das Pleijaden-Sternen-System von den Erd-Leieranern kolonisiert wurde, geschah es in der Absicht, eine gut ausgewogene, unabhängige Rasse hervorzubringen. Diese Vorstellung spiegelte sich in der Wahl eines neuen, stabilen Sternenhaufens wider. Mehr als alles andere wünschten sie sich eine Kultur auf der Basis von Harmonie, Wahrheit und bedingungsloser Liebe. Sobald der Kolonisationsplan bekannt wurde, beschlossen Abkömmlinge der Leieraner, die eine neue Heimstatt begehrten, ebenfalls andere Gebiete des Pleijaden-Sternenhaufens zu kolonisieren.[14]

Die frühen Pleijadier (vormals die Erd-Leieraner) besaßen sowohl hoch entwickelte intuitive Fähigkeiten als auch das angeborene Verlangen nach einem gemeinschaftlichen Lebensstil.

13. Splittergruppen kolonisierten ebenfalls andere Systeme in der galaktischen Nachbarschaft der Erde.

14. Uns sind nur sieben Sterne des Pleijaden-Systems sichtbar. Aus pleijadischer Sicht gibt es hunderte von Sternen mit bewohnbaren Planeten (unsichtbar von der Erde aus), welche die pleijadischen Kolonien ausmachen.

Das Ganze war genauso wichtig wie das Selbst. Trotz dieses Verlangens dauerte es Generationen, bis diese Wesen reiften und ihre eigene Identität unabhängig von ihren leieranischen Wurzeln fanden. Während vieler Generationen entwickelte sich diese neue Kultur, die philosophisch war von Natur und sich technisch perfekt in einem Maße entfaltete, die ihrer eigenen Entwicklung zugute kam. Obgleich es etliche Perioden mit Konflikten gab, blieb die kulturelle Basis der neuen Pleijadier stabil für viele Tausende von Jahren.

Über Generationen hinweg standen Frieden und Stille hoch in der Gunst der gemeinschaftlich orientierten Pleijadier, so daß sie lernten, alle Formen von Negativität unwirksam zu machen. Tiefer und tiefer drangen sie in ihre natürlichen humanoiden Neigungen, bis eine große Leere in ihrem Wesen entstand. Es gab keinen Konflikt, keine Auflösung, kein Lernen. In ihnen machte sich eine Stimme bemerkbar. Da war ein Teil in ihnen, der gehört werden wollte.

In dieser Verzweiflung griffen sie auf ihre leieranischen Ahnen zurück. Ihr Ruf wurde beantwortet, und die Leieraner waren überrascht, eine Kultur vorzufinden, die sich wahrhaftig von der Schöpfung abgeschnitten hatte. Die Pleijadier hatten keine Ahnung, was um sie im Universum geschah. Sie waren sich der Verzweiflung im Orion-Reich nicht bewußt, obgleich beide Abkömmlinge der Leier waren.

Als die Pleijadier auf den Orion-Kampf hingewiesen wurden, erwachte der schlafende Drache in ihnen und mit ihm die Leidenschaft. Sie fühlten sich wieder lebendig, und eine tiefe Bestimmung rührte sich in ihren Seelen. Sie boten ihre Hilfe im Orion-Konflikt an und verpflichteten sich, die Negativität des Orion zu bekämpfen.

So fing es an. Auf vielerlei Art und Weise betraten sie den Kampfplatz. Einige Seelen inkarnierten direkt in das System, mitten in beide Polaritätsausrichtungen (positiv und negativ) hinein, um den Kampf zu verstehen. Die Mehrheit dieser Pleijadier, die sich in die Orion-Streitigkeiten hinein inkarnierten, verfingen sich – es ist leicht den Orion-Reinkarnations-Zyklus zu betreten, aber fast unmöglich, ihm zu entkommen. Andere zogen es vor, sich mit der Schwarzen Liga zu verbinden oder innerhalb des Pleijaden-Systems zu inkarnieren in dem Versuch, die Ausbreitung des Orionreiches zu verhindern. Mit jeder Zelle ihres Wesens bekämpften sie die Negativiät, die sie um sich herum sahen. Unbewußt aber bekämpften sie ihre eigene, innere Negativität.

Der Kampf dauerte fort. Die Pleijadier kämpften eifrig gegen die Orion-Negativität und auch gegen ihren eigenen, versteckten Schatten. Anstatt innerlich zur Wahrheit zu finden, förderten sie ihren Haß auf ihre eigene Negativität. Erst als das Orionreich einen ihrer bewohnten Planeten zerstörte, zogen sie sich vom aktiven Kampf zurück. Der leblose, verkohlte Planet steht als Erinnerung ihrer vergangenen Taten noch immer in ihrem Sternensystem. Als der Planet ausgelöscht wurde, waren die Pleijadier zerstört. Schließlich kam der Konflikt zum Stillstand.

Auf den höchsten Ebenen des Seins zog sich jede im Orion-Drama verwickelte Seele einen Schritt zurück. Sie überprüften die Situation. Es wurde klar, daß die Lösung von einem anderen Winkel aus angegangen werden mußte. Sie kamen überein, den Konflikt in einer anderen Arena der Galaxie auszutragen. Die Pleijadier wurden vor die Wahl zweier Möglichkeiten gestellt: sollten sie ihre Energien in ihre Heimatwelten verlagern, oder zustimmen, ihre eigenen Angelegenheiten (ebenso wie den Orion-Kampf) ein für allemal zu bereinigen?

Schließlich beschlossen sie, nach Hause zurückzukehren. Hierdurch konnten sie ihre Kräfte sammeln und die Tiefen ihrer Seelen ausloten, um einen Weg zu finden, der sie ganzheitlich werden ließ. Sie fürchteten sich so vor der Negativität, daß sie unbeweglich wurden. Sie warteten. Sie dachten nach... und sie zauderten.

Während sie warteten, entfaltete sich das Schöpfungsprojekt mit dem Homo sapiens mit aller Kraft auf der Erde. Die Leieraner waren die physischen Direktoren dieses Projektes (unter Anleitung der Erschaffer). Sie akzeptierten Hilfe von anderen physischen Gruppen wie die vom Sirius. Bald erkannten sie, daß sie eine genetische Struktur irdischen wie außerirdischen Ursprungs für ihr Schöpfungsprojekt benötigten. Sie benachrichtigten die Pleijadier.

Zuerst zögerten die Pleijadier, um nicht noch einmal mit der Erde verwickelt zu werden. Die Leieraner deuteten jedoch geschickt auf mögliche pleijadische Vorteile hin. Im Wissen, daß sich die Pleijadier einstmals genetisches Material von Primaten einverleibt hatten, gaben die Leieraner zu, daß sie gewisse Aspekte der pleijadischen DNA für die sich entwickelnde irdische Spezies auf der Erde benötigten. Unbewußt eröffneten sie einen Weg für die Pleijadier, sich mit ihr eigenen Negativität ein für allemal auseinanderzusetzen.

Es wurde vorgebracht, daß eine DNA-Übertragung von den Pleijadiern in die irdische Spezies – über lange Zeiträume hinweg – eine Rasse von Humanoiden schaffe, die irdisch sei, aber auch außerirdische Wurzeln aufweisen würde. Die engsten Vorfahren dieser Erdenmenschen würden die Pleijadier sein, und durch diese Familienbande würde es den Pleijadiern erlaubt sein, sich an der Entwicklung der Erdenspezies zu beteiligen. Indem sie so verwickelt wären, könnten sie die sich entfaltende Rasse beobachten, mit ihnen zwischenzeitlich verkehren, um sie auf Kurs zu halten und etwas von der menschlichen Negativität zu lernen. Dies würde ersatzweise das Leid der pleijadischen Vergangenheit heilen. Nach einigem Zögern, wieder mit den Leieranern verwickelt zu sein, willigte eine Gruppe von Pleijadiern schließlich ein.

Aus dieser Übereinkunft entstanden pleijadische Kontakte von Tausenden von Jahren zu fast jeder primitiven Kultur auf der Erde. Zeichnungen von Raumwesen und Raumschiffen schmücken viele Höhlen, und viele uralte Dokumente geben die Handlungen dieser Götter wieder, die vom Himmel stiegen. Sie sahen sich als »Götter« an, nicht weniger als die heutigen Menschen es tun. Aus der Sicht der primitiven Menschen müssen sie ganz sicher wie Götter gewesen sein.

Während bestimmter Entwicklungsstufen einer humanoiden Spezies ist es üblich, persönliche Macht einer gottähnlichen oder einer magischen Persönlichkeit zu übertragen. Das wurde die übliche Praxis, und bald genossen die Pleijadier die ihnen übertragene Macht. Sie begannen zu regieren. Einige benutzten die Furcht, um zu manipulieren. Ihr Übereinkommen auf der Seelenebene, von der sich entwickelnden Erde zu lernen, wandelte sich in ein Streben nach Erfüllung persönlicher Wünsche. Viele alte Mythen, die von eifersüchtigen Göttern handeln, hängen mit Wesen von anderen Sternensystemen zusammen, einschließlich der Pleijaden.[15]

Als diese Spiele gespielt wurden, war es an der Zeit, die Außerirdischen an ihre Aufgaben zu erinnern. Sehr oft entstand Unmut bei diesen Außerirdischen, wenn andere Gruppen sie besuchten. Für etliche tausend Jahre wuchs die Macht der Pleijadier; dann mußten sie fortwährend zurechtgewiesen werden. Bald erkannten sie die Ironie der Situation – sie hatten sich gewünscht, mit ihrer eigenen Negativität in Kontakt zu treten. Ihr Wunsch war ihnen erfüllt worden.

Während dieser Wechselbeziehungen stammten alle Pleijadier, die mit der Erde verwickelt waren, aus dem gleichen Zeit-Kontinuum. Ihre Kontakte entsprachen ihrer Entwicklung. Sie beherrschten noch nicht die komplexe Technologie der Zeit/Raum-Manipulation. Es war erst im zwanzigsten Jahrhundert,

15. Beispiele dieser Mythen schließen ägyptische Berichte über Set und Osiris ein, ebenfalls die sumerischen Konflikte zwischen Enlil und Enki. Diese Streitigkeiten scheinen archetypischen Kämpfen ähnlich zu sein. Viele Kulturen kennen Legenden mit ähnlichen Charakteren, die als Gegenstücke gelten können, oder aber sie sind die Übersetzung ein und derselben Geschichte.

daß die Erde gleichzeitig Kontakt zu Pleijadiern aus vielen verschiedenen Zeitrahmen anzuziehen begann.
Obgleich sich der Kontakt mit Unterbrechungen bis zum heutigen Tag fortsetzt, ist er weniger häufig geworden als in früheren Zeiten. Die meisten Pleijadier betrachten die Erden-Menschen nicht länger als Kinder, und sie überlassen es der Menschheit, nach ihrer eigenen Wahl zu leben. Sobald das technische Zeitalter auf der Erde begann, wurde sehr auf die kritische Masse geachtet, die benötigt wird, um den DNA-Code zur Erhaltung der Rasse zu aktivieren. Seit 1940 haben physische und nicht-physische Außerirdische die Menschheit überwacht und versucht, mit ihr Kontakt aufzunehmen, hauptsächlich auf subtile Art. Die Pleijadier waren die ersten, die ein umfassendes wohlwollendes Kontaktprogramm auf physischer Ebene mit der Erde herstellten. Obwohl bereits früh in den dreißiger Jahren damit begonnen wurde, wurde es auf breiter Ebene erst in den siebziger Jahren bekannt.[16]
Ein Schweizer, namens Billy Meier, hat hunderte von Stunden mit dem pleijadischen Kosmonauten Semjase dokumentiert. Er besitzt ebenfalls eine große Anzahl Fotos von dem pleijadischen Raumschiff, welche, durch fotografische Mittel überprüft, sich niemals als gefälscht erwiesen. Er behauptet, er sei von den Pleijadiern (und ihren Verbündeten, den DALs) in die

16. Es gibt Anzeichen dafür, daß negative Gruppen (wie die vom Sirius) ebenfalls in den 30er Jahren Kontakt aufnahmen. Ihre negativen Handlungen wurden stets von den mehr wohlwollenden Gruppen wie den Pleijadiern aufgefangen. Der Schwerpunkt der Kontakte scheint immer in Intervallen von 20 Jahren stattzufinden: 1930, 1950, 1970 und vielleicht auch in den 90iger Jahren. Das wird sich zeigen. Findet er in den 90iger Jahren statt, dann ist es möglich, daß wir eine Zunahme von positiven wie auch negativen Einflüssen (entweder irdisch oder außerirdisch) erleben, in der Absicht, den offenen Kontakt der Menschen mit Außerirdischen zu untergraben. Während wir uns dem Jahr 2000 nähern, werden wir eine klare Sicht über das Zwischenspiel von negativ und positiv orientiertem Einfluß in diesem Jahrzehnt haben.

Vergangenheit und Gegenwart versetzt worden, um verschiedene Ereignisse zu betrachten.
Dieser Kontakt hat, seitdem er bekannt wurde, viele Kontroversen hervorgerufen. Meier wurden (von den Pleijadiern) Beweisstücke übergeben, zum Beispiel ein Stück Metall, das von einem bekannten IBM-Wissenschaftler auf Film analysiert wurde. Die Analyse ergab eine ungewöhnliche Kombination von Materialien, einschließlich eines seltenen und teuren Elements, Thulium genannt. Als es weiter untersucht wurde, zeigte es gleichzeitig metallische und kristalline Eigenschaften. Das metallische Musterstück verschwand schließlich, aber die Film-Analyse besteht.
Von UFO-Untersuchungskommissionen wird dieser Fall als klassisches Beispiel angeführt, wie man das Kind mit dem Badewasser ausschüttet. Weil es so »einfach« zu sein scheint, wird es als Betrug angesehen. Als Meier versuchte, Modelle des pleijadischen Raumschiffes herzustellen, um zu sehen, ob die Photografien gefälscht werden könnten, wurden die Modelle gefunden und der Fall als Schwindel abgetan.
Die Lehren der siebziger Jahre, die von Semjase und ihren Mitarbeitern übermittelt wurden, fangen jetzt an, auf breiter Ebene bekannt zu werden. Sie lehren spirituelle Wahrheiten und geben einen Teil der Geschichte der pleijadischen Rasse wieder. Einige Lehren warnen vor bevorstehenden natürlichen und von Menschen hervorgerufenen Zerstörungen, die mit dem neuen Zeitalter eintreten sollen. Es scheint, daß diese pleijadischen Wesen einer Gruppe angehörten, die während ihres Kontaktes zur Erde in der Vergangenheit u. a. die Philosophie vertraten, die Menschen vor kommenden Zerstörungen zu warnen. Obgleich diese Lehren für die Zeit, in der sie gegeben wurden, gelten, mag man sich fragen, inwieweit sie sich auf das heutige Massenbewußtsein beziehen.
Das Massenbewußtsein der Erde machte zwischen 1980–82 einen Sprung, der weg von einer Zukunft der Zerstörung zu einer

erhöhten Verantwortung führt. Aufgrund dieser Energieverlagerung zwischen den Jahren 1980–1982 hat unser Planet jetzt den Weg der Heilung anstatt der Zerstörung gewählt. Obgleich noch viel Zeit und Geduld dafür erforderlich sein werden, ist es wichtig zu erkennen, daß die heutigen Krisen nur Wehen sind, die unsere neue planetarische Gesellschaft hervorbringen werden. Da die Lehren der Pleijadier vor dem Sprung übermittelt wurden, enthalten sie vielleicht altes Gedankengut. Das bedeutet aber nicht, daß sie ungültig geworden sind; vielleicht weisen sie darauf hin, daß sich der Menschheit andere Perspektiven eröffnen – solche, die die augenblicklichen Wünsche und Veränderungen der Menschheit auf der Massenbewußtseins-Ebene widerspiegeln.

Der pleijadische Kontakt, der gegenwärtig stattfindet (in physischer und telepathischer Form), hat eine andere Richtung angenommen. Einige geben an, die zukünftigen Abkömmlinge der Meierschen Pleijadier zu sein. Diese Pleijadier sprechen offen über ihre schwere Vergangenheit und warum sie glaubten, bestimmte Taktiken auf der Erde anwenden zu müssen. Sie geben zu, daß sie ihre eigenen Gründe zur Kontaktaufnahme haben, und danken dem Planeten für alles, was sie lernen konnten. Sie sind der Gesellschaft behilflich, andere Formen von Kontakt zu beleuchten, an dem sie nicht teilhaben (wie negative Entführungserlebnisse). Sie helfen der Menschheit mit all ihren Möglichkeiten und gestehen es dem Planeten zu, sich einen globalen und galaktischen Standpunkt zu verschaffen.

Die Pleijadier haben besondere Gründe für ihr Zögern, mit der Erde gegenwärtig Wechselbeziehungen aufzunehmen. Für Tausende von Jahren sind sie eingeschritten, um uns entweder vor Gefahren zu schützen, oder uns wie Kinder »zu unserem eigenen Besten« zu überwachen. Einige Splittergruppen haben sogar die Menschheit für ihre eigenen Zwecke manipuliert. Dies ist für sie eine Quelle großer Scham gewesen. Sie erkennen nun, daß die Menschheit *ihre eigene* Wahl treffen muß, und sie müssen der Menschheit darin vertrauen. Sie haben einen karmischen Zyklus durch ihr Eingreifen geschaffen. Es ist für ihr eigenes Wachstum unbedingt nötig, daß dieser Zyklus beendet wird. Der Gedanke, das Muster der Einmischung auf der Erde fortzusetzen, ist die einzig furchterregende Vorstellung, der sich ein Pleijadier gegenübersieht.

Wird es auch in der Zukunft Kontakt zwischen der Erde und den Pleijadiern geben? Da sie physisch diejenigen sind, die den Erdenmenschen (in der Gestalt des vierten Dichtigkeitsgrades) am ähnlichsten sind, scheint es angemessen zu sein, daß sie die ersten sein werden, die unverhüllt auf diesem Planeten wandeln werden. Sie betonen jedoch – so sehr wie die Menschheit auch ihren Vettern aus den Lüften zu begegnen wünscht –, daß sie keinen offenen Kontakt herbeiführen werden, solange die Menschheit nicht ihre Brüder von der gegenüberliegenden Straße umarmen kann. Es liegt an diesem Planeten. Es ist die *Menschheit*, die das Ziel setzt. Sind wir endlich bereit, die Angst vor unserem Erbe loszulassen und ihre ausgestreckten Arme zu ergreifen?

7
Das Tor des Arcturus

Wahrlich, wenn einer diese Welt verläßt,
dann geht er zum Wind.
Er wartet da draußen auf ihn wie die Öffnung
eines Wagenrades.
Eintretend steigt er höher.
Er geht zur Sonne.
Er wartet da draußen auf ihn wie die Öffnung
einer Trommel...
Er geht zum Mond...
Er geht in eine Welt, in der es keinen Kummer gibt...«

Brihad-Aranyaka Upanishad

Es gab einige Wesen, die, als sie durch das Prisma der Leier strömten, beschlossen, im nicht-physischen Zustand zu verbleiben. Sie wählten eine Existenz im Dienste der Wesen in dichteren Realitäten, wie die im dritten Dichtigkeitsgrad der Erde. Sie erkannten, daß das entwickelnde Leben auf den sich entfaltenden physischen Welten Hilfe aus anderen Sphären benötigte. Dieser Beistand würde in Form von Archetypen, Engeln, Führern und unsichtbarer Inspiration gegeben werden.

Diese Wesen wurden zum Bereich des Arcturus-Sternes gezogen. Zu Anfang, als sie angezogen wurden, sah das Sternenfeld in der Arcturus-Region etwas anders aus als heute; aber die Energie dieses Gebietes ist gleich geblieben. Im Umfeld des Arcturus gibt es ein Tor oder Querverbindungen im Zeit/Raum-Gefüge. Diese Wesen erkannten bald, daß dieses Tor dimensional durch fast jedes andere Gebiet führte, das von Geschöpfen bewohnt ist. Dies war der Punkt, an dem sie anfingen, ihre Aufgabe zu verstehen – dem Bewußtsein auf vielen Ebenen der Wahrnehmung behilflich zu sein.

Die Aufgaben der Arcturianer sind vielschichtig. So stellen sie für humanoides Leben ein Ideal dar. Sie sind das zukünftige Selbst eines Individuums oder einer Gesellschaft. Ihre Energie ist von Natur aus ein Magnet, der positives Potential und Integration aus den allertiefsten Schichten des Seins herauszieht. Sie spiegeln der Erde die Richtung wider, in der ihre Evolution verläuft. Hat sich die Menschheit erst einmal zur Nicht-Physikalität entwickelt, dann wird es ihr ideales Ziel sein, ein Bewußtsein ähnlich dem des Arcturus-Massenbewußtseins zu erreichen. Sie sehen sich als Gruppen-Matrix an, die sich der Idee der Bewußtseins-Evolution ergeben hat.

Sehr oft werden die Arcturianer den Menschen als Engel erscheinen. Wie man weiß, ist eine der Aufgaben der Engel der Dienst an der Menschheit. Auf sehr reale Art haben die Arcturianer eine Zuneigung zu den Humanoiden gefaßt. Es ist ihr Wunsch, etwas durch physische Wesen über die Stofflichkeit zu lernen.

Von Natur aus sind sie ätherisch. Ihre Energie kann als eine Präsenz gefühlt werden, als Anflug von Kreativität oder bedingungslose Liebe. Sie werden sich entsprechend des Glaubenssystems des Einzelnen manifestieren, mit dem sie in Wechselbeziehung stehen. In den traditionellen Religionen werden sie als Engel in Erscheinung treten und vielleicht – bei moderneren Suchern – als Außerirdische oder als zukünftige Selbste. Egal wie, das Ergebnis ist gleich – eine Wechselbeziehung zu einer wirklich liebevollen Wesenheit, die sich dem Dienst physischer Wesen und somit dem Ganzen gewidmet hat.

Weil sie der Physikalität dienen, unterhalten sie nicht nur eine Wechselbeziehung zu den Humanoiden eines Planeten, sondern auch zu unsichtbaren Reichen, deren Evolution verschieden von denen der Humanoiden ist. Jeder Planet hat sein eigenes Deva-Königreich – die bewußte Energie von Pflanzen-, Mineral- und Tierreichen, – und die Arcturianische Energie handelt als ein höherer Aspekt des Deva-Königreiches eines Planeten. Noch einmal kehrt hier die Vorstellung wieder, das zukünftige evolutionäre Ideal widerzuspiegeln.

Es gibt eine kleine Anzahl von Arcturianern, welche, um dienen zu können, die Physikalität zu erfahren wünschen. Anstatt die Physis durch den Geburtsvorgang zu betreten, ergreifen sie die Möglichkeit, als »walk-in« in einen bereits auf einer physischen Welt existierenden Körper zu schlüpfen. Sie unterliegen nicht der Verpflichtung (oder dem karmischen Zwang), in den Inkarnationsprozeß einzutreten. Es werden verschiedene Vereinbarungen zwischen Seelen getroffen; es wird ein »Handel« abgeschlossen: Die Seele eines Menschen, die emotional mit Schmerz beladen ist, sucht die Arcturus-Sphäre zur Heilung auf, und der wißbegierige Arcturianer verkörpert sich zeitweilig auf einem Planeten.[17]

Emotionale Heilung ist für die Arcturianer der wichtigste Dienst an physischen Wesen. Arcturus ist mehr eine Sphäre als ein Ort, und innerhalb dieser Sphäre werden Erden-Seelen, die traumatische Tode (oder Leben) erfahren haben, geheilt und verjüngt. Weil das Tor des Arcturus dimensional mit der Erde verbunden ist, müssen *alle*, die auf der Erde inkarnieren, die Arcturus-Sphäre passieren, bevor sie den Planeten erreichen; außer sie umgehen dies bewußt. Hierdurch erfahren diejenigen, die kurz vor der Geburt stehen, Heilung und Stärkung ihrer Wünsche für das kommende physische Leben.

17. Dies ist keine übliche Praxis. Viele, die angeben, „Walk-ins" zu sein, haben einen Prozeß erfahren, den man „Soul braiding" nennt. Dieser Prozeß übermittelt der Seelen-Energie eine höhere Frequenz, aber ein Wechsel des Bewußtseins findet nicht statt. Irrtümlicherweise mag dies als Eintritt eines neuen Bewußtseins bezeichnet werden, wo hingegen es eine Aufwertung und Integration des ursprünglichen Bewußtseins ist.

Das Tor des Arcturus bereitet das nicht-physische Bewußtsein für die intensive Ausrichtung auf die Physis und auch auf die Sexualität vor. Aus der Sicht arcturianischer Wahrnehmung tragen Physikalität und Sexualität den gleichen Ausdruck. Die Energie des Arcturus ist besonders geeignet für verschiedene Formen von sexueller Heilung, wie bei sexuellem Mißbrauch während der Kindheit oder im Erwachsenenalter. Die Heilungsenergien nähren gleichzeitig das Opfer wie den Täter, denn beide sind voller Schmerz. Der Gebrauch der Sirius/Arcturus-Heilungs-Matrix kann in solchen Fällen sehr kraftvoll sein.

Die Cetacea, besonders die Delphine, können die Sirius/Arcturus-Matrix für jene darstellen, die Schmerzen haben. Da die Delphine ziemlich sexuell ausgerichtet sind und sich bedingungslos liebend ausdrücken, können sie als physische Manifestation der Sirius/Arcturus-Heilungs-Matrix dienen. Diese Matrix ist völlig frei von Bedrohung und heilt sanft auf sehr tiefen Ebenen.

Beim Tod passiert das menschliche Bewußtsein die Sphäre des Arcturus. Dort wird es genährt und umsorgt, bis es zu einer größeren Realität erwacht. In Falle eines traumatischen Todes wird ihm große Zärtlichkeit und Heilung zuteil, so daß die erwachende Seele einen glatten Übergang hat.

Bei Nah-Tod-Erfahrungen ist das Licht, das am Ende des Tunnels wahrgenommen wird, die Verkörperung der Arcturus-Vibration. Diese Schwingung wird durch das Glaubenssystem desjenigen modifiziert, der es wahrnimmt. Weil Arcturus hauptsächlich einen sechsten Dichtigkeitsgrad hat, wird es oft als Christus oder Buddha-Vibration wahrgenommen. Das Licht kann gleichgesetzt werden mit dem zukünftigen oder höheren Selbst (Christus-Selbst) eines Individuums. In gewisser Hinsicht geht man während des Todesprozesses in das höhere Selbst ein, welches einen ähnlichen Frequenzbereich wie die Arcturus-Sphäre aufweist. Hier findet Heilung statt. Es gibt nichts in der Schöpfung, das so den menschlichen Geist heilt, nährt und verjüngt wie die Arcturus-Vibration.[18]

Ferner kann Kreativität verglichen werden mit der Arcturus-Schwingung. Bei kreativer Arbeit verbindet man sich mit der Energie des Schöpfers. Da Arcturus der »Botschafter« des Schöpfers ist – wenn man so will –, sind die Vibrationen ziemlich ähnlich. Auf diese Weise war die Arcturus-Energie seit Anbeginn eng mit der Menschheit verbunden, denn die Menschheit ist immer schöpferisch tätig.

Arcturus ist mehr als ein Stern. Er ist eine Schwingung, die man innerlich besitzt. Er ist eine Vibration der Schöpfung, Heilung und Evolution. Seit der Entstehung der Erde und anderer sich entwickelnde physische Planeten war sie präsent. Er ist weniger eine Wesenheit in der galaktischen Familiengeschichte als eine verborgene Strömung, – eine, die immer gegenwärtig und mit der Vorstellung des Schöpfungsprozesses verbunden ist. Weil die Arcturus-Energie eine verborgene Strömung ist, die mit uns ständig in Verbindung steht, setzt das planetarische Umfeld der Erde die Arcturianische Energie ein, um emotional etwas bei dem Einzelnen auszulösen. Ein Beispiel ist die linsenartige Wolke, eine spektakuläre Wolkenformation, die sich zu einem scheibenähnlichen Umriß formiert. Sie mag wie ein Raumschiff aussehen, aber meistens ist es lediglich die Erdumgebung, die die wahrgenommene Energie auf ätherischer Ebene umsetzt. Diese ätherischen »Schiffe« wollen noch einmal die Menschheit an ihre unsichtbaren Verbindungen erinnern.

Innerhalb der polarisierten Realität hat Arcturus eine Ergänzung gesucht, um andere Aspekte seiner entwickelnden Natur

18. In vielen Nachtod-Erfahrungen haben die Menschen über ein helles Licht gesprochen, das ihnen erschienen ist. Ein Bericht aus Moodys »Leben nach dem Tod« lautet: »Ein strahlend weißes Licht erschien vor mir. Das Licht war so hell, daß ich nicht hindurchblicken konnte, aber seine Nähe beruhigte mich und war wundervoll. Es gibt kein vergleichbares Erlebnis auf der Erde.« Das Eintreten in die Arcturus-Vibration nach dem Tode ist vergleichbar mit diesem Erlebnis.

widerzuspiegeln. Diese Ergänzung ist das Antares-Gebiet. Innerhalb des dimensionalen Tores oder der Korridore gibt es eine Verbindung zwischen Antares und Arcturus, die ein Haupt-Konzentrationspunkt ist für die Energie in dieser Region. Die meisten Bewußtseine, die sich auf der Erde inkarnieren, passieren nur die Arcturus-Vibration. Es gibt andere, die Antares durchqueren, bevor sie Arcturus erreichen. Dieses sind die Individuen, die direkt mit den Massenbewußtseins-Mustern, Matrixen und zellularer Evolution arbeiten.
Antares ist ebenfalls der dimensionale Verbindungspunkt zwischen dem Erdquadranten der Milchstraße und der Andromeda-Galaxis. Die Antares/Andromeda-Verbindung energetisiert die abstrakten Konzepte der Existenz und des benötigten Bewußtseins für physische Rassen, damit sie sich ihres Erbes erinnern und dadurch ihre Vergangenheit transmutieren.
Die meisten anderen Rassen, die in diesem Buch untersucht werden, haben mehr individualisierte Vereinbarungen mit dem Planeten Erde. Die Arcturus-Verbindung ist sehr fließend, sehr dehnbar, aber nicht weniger wichtig. Vergleicht man all die anderen Rassen dieser Geschichte mit den Zutaten einer kosmischen Suppe, dann erkennt man, wie alle zur Würze beitragen. Vergleicht man jedoch Arcturus mit der Konsistenz der Bouillon in der Suppe, dann ist die Vibration des Arcturus eine lebenswichtige Zutat, die alles zusammenhält.
Die Arcturus-Energie tritt auf vielerlei Art auf der Erde in Erscheinung. Untersucht man sie, so stellt man fest, daß Arcturus und Sirius eine Partnerschaft bilden. Arcturus arbeitet mit emotionaler Heilung, Sirius hingegen mit physischer Heilung. Die Ägypter wußten um diese Verbindungen und riefen die Energien der Arcturus/Sirius-Matrix als Beistand für ihre Rituale herbei. Die ägyptische Gottheit Anubis war das direkte Urbild des Sirius, arbeitete aber mit der Arcturus-Energie. Anubis leitete Individuen durch die Unterwelt (Astralwelt) oder durch den Prozeß des physischen Sterbens. Dort fand der

Heilungsprozeß der Seele durch die beiden Energien des Sirius und Arcturus statt. Die Darstellung des Schakals (oder der »Hund« als Hundstern des Sirius) als Anubis ist ein eindeutiges Zeichen, daß die Ägypter von dieser Verbindung wußten. Anubis (als Archetyp des Sirius) führte die verschiedenen Seelen zur Arcturus-Sphäre, wo Heilung stattfindet.
Arcturus stellt genauso die Integration dar, wie Orion die konfliktgeladene oder polarisierte Natur der Menschheit widerspiegelt. Das Urbild des Merlin wurde oft als Verbindungsbrücke bezeichnet. Wenn zwei Polaritäten sich zu vereinigen suchen, dann muß es einen gemeinsamen Boden geben, auf dem sie vor ihrer Vereinigung stehen können. Merlin ist also die Brücke zwischen dem explosiven Orion und dem heilenden Arcturus. Er ist der gemeinsame Boden. Es ist ersichtlich, daß seine Energie nicht nur für die Erde, sondern für alle, die der Polarität unterworfen sind, von großer Wichtigkeit ist. Magie ist der Funke, der der Reibung zweier Polaritäten entspringt, und dieser ist es, der die Transformation anzündet.
Während der frühen Entwicklung der Erde vereinbarten die Arcturianer, sich genügend zu verdichten, um zeitweilig wahrgenommen zu werden. Sie hatten eine Wechselbeziehung mit der frühen Kultur namens Lemurien, der sie Heiltechniken lehrten. Die Erinnerung dieser Beziehungen wurde über Generationen erhalten. Als sich die Lemurianer in viele Gebiete der Erde zerstreuten, begleiteten sie diese Erinnerungen. Die Statuen auf der Osterinsel sind eines der wenigen Zeugnisse, die in der Stofflichkeit übrigblieben und von ihrer direkten Wechselbeziehung berichten. Diese Statuen sollen nicht die verdichteten Arcturianer darstellen, sondern sie sind vielmehr als Huldigung zu verstehen. Die Statuen sind himmelwärts gerichtet, sie überblicken den Horizont und warten auf die Rückkehr der Arcturianer.
Die Menschheit brauchte niemals auf ihre Rückkehr zu warten. Die Energien sind immer dagewesen. Schaut man nach innen

anstatt nach außen, können sie gefunden werden. Sie sind die menschliche Rasse, die sich zu ihrem höchsten Potential entfaltet hat. Sie erwecken die Erinnerung der Menschheit und drängen sie vorwärts, hinein in die großartige Spirale der Evolution. Wo das Herz ist, da ist das Zuhause, und das Herz ist der Weg des Arcturus.

8
Die Erschaffung des Homo sapiens auf der Erde

Dann sagte Gott: »Laßt uns Menschen machen als ein Bild, das uns gleich sei.«

Genesis 1:26

Nach wessen Vorbild wurden die Menschen erschaffen? Viele der ältesten Überlieferungen der Erde deuten darauf hin, daß die menschliche Entwicklung von Göttern, die vom Himmel stiegen, geleitet wurde. Selbst Anthropologen sind sich der ungewöhnlich schnellen Entwicklung des Homo sapiens bewußt. Einige Anthropologen schätzen, daß die Spezies des Homo sapiens Millionen von Jahren vor ihrer Zeit erscheint.

Die evolutionäre Entwicklung zwischen dem aufrecht gehenden Australopithecus und dem Neandertaler dauerte zwei Millionen Jahre, aber es sind Beweise auf der Erde gefunden worden, daß der Homo sapiens (Cro-Magnon) vor etwa 35 000 Jahren auftauchte. Noch faszinierender ist, daß, während fortlaufend Überreste von Menschen entdeckt werden, Archäologen Überreste eines noch früheren Homo sapiens in Westasien und Nordafrika gefunden haben. Diese Überreste datieren bis 250 000 Jahre vor dem Cro-Magnon-Menschen. Es sollte hier angeführt werden, daß der Homo sapiens keinen evolutionären Vorläufer hat. Nichts entwickelte sich *in* den Homo sapiens – diese Spezies *tauchte einfach auf*.

Sollten Außerirdische ein Interesse daran haben, sich in die Evolution der Erde einzumischen? Wenn ja, wie könnten ihnen die Menschen der Erde nützlich sein? Vielleicht war es ein Weg, ihre eigene Evolution zu beschleunigen?

Offensichtlich beteiligten sich drei Hauptgruppen an der Erschaffung des Homo sapiens der Erde. Wir identifizieren sie als: die Erschaffer, eine leieranische und eine sirianische Gruppe. Die Erschaffer erleichterten die Schöpfung des Homo sapiens von einem Punkt der Nichtphysikalität und waren die Aufseher des ganzen Projektes. Die Leieraner, die sich dieser nicht-physischen Einflüsse nicht bewußt waren, leiteten die Schöpfung des Homo sapiens ein und nutzten die Hilfe einer Sirianischen Gruppe. Jede Gruppe hatte ihre eigenen Motive für ihre Beteiligung. Trotz unterschiedlicher Motive war das Ziel das gleiche – die Erschaffung einer humanoiden Rasse auf der Erde.

Wie bereits erwähnt, beteiligten sich die Pleijadier zum eigenen Vorteil an der Evolution der Erde. Sie glaubten, wenn sie sich mit den Menschen einlassen würden, dann könnten sie nicht nur die Entwicklung ihrer früheren Heimat beeinflussen, sondern auch etwas über die Negativität und Integration lernen, ohne selbst in eine Welt inkarnieren zu müssen, die diese Konzepte verwirklichte. Die Leieranische Gruppe, die um die genetische Übereinstimmung der Pleijadier mit den neu zu entwickelnden Erdenmenschen wußte, überredete sie zur Teilnahme.

Die Leieranische Gruppe (eine Kombination verschiedener Leieranischer Rassen) experimentierte ständig. So wie die Menschen bestimmte instinktive Triebe (Fortpflanzung) besitzen, so haben diese Außerirdischen ihre eigenen Triebe, nämlich zu erschaffen – den Erschaffern nachzueifern. Die *»Abkömmlinge«* der Erschaffer führten instinktiv die genetische Aussaat weiter. Diese Erschaffer wußten sehr genau, daß Inzucht das Aussterben einer Rasse bedeutet, und deshalb suchten sie fortwährend nach neuen Beständen, um den Gen-Pool immer wieder aufzufrischen.

Für die Leieraner gab es noch eine andere wichtige Motivation für ihre Einmischung auf der Erde. Nach Äonen des Konfliktes mit den von der Leier abstammenden Rassen (Wega, Sirius, Orion etc.) wollten sie nicht länger Zivilisationen ins Leben rufen, die polarisiert waren und nicht friedlich existieren konnten. Sie beschlossen, daß die Erde ein Planet wird, der auf Integration anstatt Polarisation ausgerichtet ist. Die Leieranische Gruppe wollte einen Planeten, dessen *Anfänge* integriert waren und keinen, der die Saat der Polarität von anderen Sternensystemen in sich trug. Mit diesen Gedanken stellten sie ihren strengen Plan für die Erschaffung des Homo sapiens auf der Erde auf.

Die Erschaffer hingegen hatten andere Pläne. Sie erkannten, daß die Erde möglicherweise der letzte Boden für die Heilung des Orion-Dramas sein könnte und der Planet aus diesem Grunde *polarisiert verbleiben mußte*, um diesen Konflikt zu beenden. Die Erschaffer wußten, daß die galaktische Familie endlich etwas über die Integration durch die Auflösung der Polaritäten lernen könnten, und sie erlaubten der Leieranischen Gruppe, *ihre* Pläne auszuführen in dem Wissen, daß diese den *kosmischen* Plan unterstützen würden.

Die Motivationen der Sirianischen Gruppe waren mehr auf das Umfeld ihrer Heimat ausgerichtet. Sie betrachteten die Erde als Teil des Sirius Drei-Sternen-Systems und glaubten daher, ein Recht zu haben, die Erdgenetik zu manipulieren. Die Sirianer hatten Interesse an der Entwicklung einer primitiven humanoiden Rasse auf der Erde, die sie als Arbeiter benützen könnten, während sie ihre Kolonien ausdehnten, zu denen auch die Erde gehörte. Sie unterstützten daher das Leieranische Projekt mit ihren eigenen Zielen im Kopf. So wurde das Projekt für die Erschaffung des Homo sapiens auf der Erde begonnen.

Für viele Tausende von Jahren während der frühen Phasen dieses Projektes beobachteten die Leieraner[19] die sich entwickelnde

19. Diese Leieraner und andere sind durch den hebräischen Begriff, die »Nefilim« – irrtümlich übersetzt als »Riesen« – bekannt geworden. Nefilim bedeutet wörtlich »Jene, die hernieder gekommen sind.« Die Genesis 6:4

primitive Rasse auf der Erde mit achtsamen Augen. Manchmal nahmen sie Proben und änderten die DNA-Struktur leicht. An kritischen Punkten setzten sie den Primaten genetisches Material der Pleijadier[20] ein (und von anderen Gruppen). Über lange Perioden hinweg wurde es offensichtlich, daß die Evolution mit Riesenschritten voranging. Als es dann soweit war, wurden die entscheidenden prototypischen Experimente vorgenommen. Die Geschichte von Adam und Eva ist eines der wenigen übriggebliebenen Vermächtnisse, das die Menschheit subtil an ihren Ursprung erinnert. Sie bezieht sich – oftmals symbolisch auf das vergangene Geschehen – auf die Rasse, die das Erbe der Erde antreten sollte.

Wie bereits erwähnt, wünschte die Leieranische Gruppe eine Spezies, die auf Integration fußte. Daher sollte diese Spezies kein Wissen um die Polarität haben – oder um »Gut« und »Böse«. Sie kontrollierten die Umgebung dieser neuen Menschen streng, so daß sie sich als perfekte Träger der Integration entwickeln konnten. Sie wollten nicht, daß die Menschen ihnen nach *ihrem Ebenbilde* gemacht würden, nämlich polarisiert. Was die Leieranische Gruppe nicht anerkennen wollte war, daß sie auch den *freien Willen* dieser neuen Menschen einschränkten.

Nach generationenlanger Arbeit mit den Genen von Primaten und Außerirdischen entwickelte die Leieranische Gruppe einen Prototyp, dessen Bedeutung »von der Erde stammend«

besagt: »Es waren auch zu den Zeiten die Nephilim auf Erden, da die Gottessöhne zu den Töchtern der Menschen gingen und ihnen Kinder zeugten. Sie waren die Gewaltigen in der Welt und berühmte Männer.« Die ursprüngliche hebräische Bezeichnung für »die Gewaltigen und berühmte Männer« ist »shem«, welches buchstäblich Flugwagen bedeutet, möglicherweise eine Rakete. Deshalb, »sie waren die Helden der Alten, Menschen der Raketenschiffe«.

20. Wie bereits erwähnt, trugen die Pleijadier genetisches Material der Erde in sich, das erfolgreich in den Leieranischen Stamm integriert worden war. Daher fiel die Wahl auf sie, die menschliche Rasse auf der Erde auszusäen.

sich auch im Namen »Adam« wiederfindet. Der Adam-Prototyp wurde auf der Erde eingeführt, um seine Anpassungsfähigkeit an die Umgebung der Erde in vielen Teilen des Planeten zu prüfen. (Es gab viele Adams.) Als dieser Prototyp zufriedenstellend angepaßt war, wurden die Adams zurückgerufen.
»Da ließ Gott der Herr einen tiefen Schlaf fallen auf den Menschen und er entschlief. Und nahm seiner Rippen eine (oder ein Stück seiner Seite) und schloß die Stätte mit Fleisch zu.«[21] Durch Klonen und genetische Ingenieursarbeit wurde ein femininer Prototyp geschaffen, der, übersetzt, »Eva« heißt. Beide wurden in die Umwelt zurückgeschickt und eng überwacht.
Aus ihrem Wunsch heraus, eine Gattung zu schaffen, die kein Wissen um die Polarität hatte, wiesen die Leieraner alle an, die mit diesen Prototypen in Berührung kamen, ihnen das Wissen zu verheimlichen – ihnen das Recht der freien Wahl zu verweigern, das allen göttlichen Wesen garantiert ist. Jetzt wird auch die Aussage von Gott verständlich: »Von allen Bäumen des Gartens dürft ihr essen, nur vom Baum der Erkenntnis, von Gut und Böse (Polarität), dürft ihr nicht essen, denn an dem Tage, an dem ihr davon eßt, werdet ihr sicher sterben.«[22]
Die Sirianer, die gemeinsam mit der Leieranischen Gruppe arbeiteten, stimmten dieser Philosophie nicht zu. Sie glaubten, daß die persönlichen Wünsche der Leieraner für die Erschaffung dieser Spezies nicht mit den Rechten, die humanoide Formen besitzen, übereinstimmten. Diese Sirianer faßten eine echte Zuneigung zu den neuen Menschen, obgleich sie die menschliche Rasse für ihre Zwecke benutzen wollten. Trotz dieser Dualität entschlossen sie sich, einzugreifen, und gaben damit unbeabsichtigt den Menschen die Gelegenheit zur Wahl.
Die Sirianische Gruppe warnte die Menschen: »Da sprach die

21. Genesis 2:21
22. Genesis 2:16

Schlange[23] zum Weibe: ›Ihr werdet mitnichten des Todes sterben, sondern Gott weiß, daß, welches Tags ihr davon esset, so werden eure Augen aufgethan, und werdet sein wie Gott und wissen, was gut und böse ist.‹«[24] Vor die Wahl gestellt und gezwungen, eine Entscheidung, die ihre Existenz betraf, zu fällen, erlangten die Menschen das Bewußtsein des dritten Dichtigkeitsgrades. Als sie erkannten, daß sie von »Gott« getäuscht worden waren, entschieden sie sich für das Wissen. *Als sie sich für das Wissen um die Polarität entschieden, wurden sie völlig in der Physis verankert.* Sie besaßen nun ein Ego, oder das Wissen von »Ich bin« und wurden sich ihrer selbst bewußt.

»Und Gott sprach: Siehe, Adam ist *geworden als unser einer und weiß nun, was gut und böse ist* (Polarität). Nun aber, daß er nicht ausstrecke seine Hand und breche auch von dem Baum des Lebens, und esse und lebe ewiglich.«[25] Es braucht nicht erwähnt zu werden, daß die Leieranische Gruppe nicht erfreut war. In ihrem Ärger verneinten sie den Menschen das Wissen vom Baum der Erkenntnis (göttliches Erbe). Die menschliche Rasse war nun gezwungen, sich ohne die Kenntnis ihrer Verbindung zur galaktischen Familie und dem Ganzen zu entwickeln. Es sollte eine wahre Herausforderung sein.

Um sicherzustellen, daß die Menschen nicht dieses Wissen suchen würden, wandte die Leieranische Gruppe einige Vorsichtsmaßnahmen an: »... zum Osten des Gartens stellte er den Cherub auf und das flammende Schwert, das in jede Richtung

23. Die Schlange ist ein archetypisches Symbol in vielen alten Mythen. Die Natur der Schlange spiegelt ständig die Dualität wider – sie wird gefürchtet, ist aber gleichzeitig ein starker Verbündeter der Menschheit. In den sumerischen Texten wird Enki, der Gott (Sirianer), der die Menschheit beschützt, als Schlange porträtiert. Das Urteil, daß die Schlange »böse« ist, ist zeitgenössischer und kann von den Göttern (den Leieranern) als Trick benutzt worden sein, um die Menschheit davon abzuhalten, den Anweisungen der Sirianer zu folgen, die versuchten, der Menschheit beizustehen.

24. Genesis 3:4

25. Genesis 3:22

zeigte, um den Weg zum Baum des Lebens zu wachen.«[26] Sie überließen der Menschheit ihr Erbe – das Vermächtnis des Orion (symbolisch als Schwert dargestellt), ohne Wissen um seine Lösung.

Es gibt Anzeichen in den alten sumerischen Texten, daß die Cherubim mechanische oder roboterartige Vorrichtungen sind, die in diesem Falle den Baum des Lebens bewachen. Was ist die buchstäbliche Übersetzung des Baums des Lebens? In sumerischer Sprache war das Wort für den Baum des Lebens GISH.TIL. GISH bedeutete eine Vorrichtung von Menschenhand gemacht; TIL bedeutete (es hat noch die gleiche Bedeutung im modernen Hebräisch) Rakete. Anstelle eines wirklichen Baumes kann es »Fahrzeug zum Leben« oder ein Raumschiff heißen. In den sumerischen Überlieferungen gibt es klare Hinweise auf Raketenschiffe, ebenso wie Menschen, die diese Schiffe begrüßen. Es scheint, als hätten die Götter, indem sie die Cherubim zur Bewachung des Baums des Lebens aufstellten, den Menschen das Wissen um ihr Erbe vorenthalten. Nicht länger sollte es den Erdenmenschen erlaubt sein, sich offen unter die Götter zu mischen oder den Planeten mit ihnen zu verlassen. Die Menschen waren aus den Himmeln verbannt worden.

Was geschah mit der Sirianischen Gruppe, die sich in die Pläne der Leieraner einmischte? Durch ihre Einmischung wurden sie energetisch an die Entwicklung der Erde gebunden. Sie hatten immer viele Tricks auf Lager, und in diesem Falle lachten sie zuletzt. Als sie mit der Leieranischen Gruppe am genetischen Programm arbeiteten, führten sie einen latenten DNA-Code in die menschlichen Zellen ein. Dieser Code wird ausgelöst durch eine erhöhte Vibration, die auftritt, wenn eine Zivilisation sich spirituell zu entwickeln beginnt. Der Code wird aktiviert, wenn die Erde sich der Selbstbewußtheit und dem vierten Dichtigkeitsgrad nähert (was gegenwärtig geschieht.) Ist er einmal

26. Genesis 3:24

aktiviert, dann spult sich die beschränkte Sicht der Menschheit wie eine Rolle ab, bis die Ausdehnung des ALL-DAS-IST sichtbar wird. Dies war ihre Art, der Menschheit dennoch zu gestatten, vom Baum des Lebens zu essen.

Diejenigen, die die Menschheit auf der Erde aussäten, haben ihr eine Herausforderung hinterlassen. Wie bereits ausgeführt, besitzen die »Kinder«, die ausgesät werden, meistens die genetischen Kodierungen und tiefsitzenden Eigenschaften der »Eltern«. Wenn die Saat auf der Erde wirklich auf Ungleichheit und das Fehlen des freien Willens beruht, dann ist das vielleicht die Erklärung, warum so viele Rassen heute noch unterschwellig an die Überlegenheit der Kaukasischen/Arischen Rasse (der Leieranischen Gruppe) glauben. Könnte es sein, daß die Wurzeln des rassistischen, blinden Eifers bis auf das Besamen des Planeten zurückgehen? Die frühesten zur Verfügung stehenden Texte lassen dies vermuten. Die sumerischen Aufzeichnungen beziehen sich auf »Schwarzköpfige«, die in den Minen Afrikas für die Götter arbeiteten. Wenn die Menschheit wirklich die Muster ihrer Vorväter trägt –, dann fängt die Herausforderung gerade erst an. Diese Gottesverzauberung zu durchbrechen, die über die Menschheit geworfen wurde, ist vielleicht der Schlüssel zur Befreiung der menschlichen Rasse auf der Erde.

In der Vergangenheit der Erde hat die menschliche Rasse widersprüchliche Zeichen von den Göttern erhalten. Es gab Zeiten (einige sind in den sumerischen Aufzeichnungen zu finden, wie die große Flut), in denen die Menschen im Stich gelassen und zum Sterben auf dem Planeten verurteilt wurden, während die Götter, denen sie vertrauten, sich mit ihren Raumschiffen aus dem Staube machten. In diesen Zeiten retteten etliche »Götter« illegal einige auserwählte Menschen. Dieses hat die menschliche Rasse emotional in Krisenzeiten geprägt. Diese Prägung erinnert an beide Muster und aktiviert einen Kampf zwischen dem Glauben und der Freude, verlassen

oder gerettet zu werden. Es ist wichtig, daß die menschliche Rasse diese Abhängigkeit von den Göttern löst und selbständig wird.
Auf der Erde versprechen heutzutage außerirdische Gruppen, deren Prägungen aus der Vergangenheit stammen, Errettung. Sie kommen zu den Menschen als physische Wesen aus dem All oder sprechen telepathisch zu denen, die ihre Frequenz hören können. Oft reden sie verschiedene Erdenmenschen mit »Commander« oder »Auserwählte« an und versuchen, das menschliche Ego dazu zu verführen, ihre *eigenen* Gefühle der Überlegenheit zu verewigen. Obgleich diese Gruppen, die fern vom Planeten sind, es größtenteils gut meinen, lassen sie die Kluft zwischen der Angst, verlassen und der Freude, gerettet zu werden, weiter bestehen und unterstützen somit den trennenden Gedanken, elitär zu sein. Wenn die Menschen ihre eigene Kraft annehmen und planetarisch erwachsen werden, dann werden sich die verbleibenden Gruppen ebenfalls transformieren. Die Mehrheit der anderen außerirdischen Gruppen haben aus ihren Handlungen der Vergangenheit gelernt und wünschen ein für allemal eine Lösung dieses Konfliktes.
Aus der Sicht der Erschaffer entwickelte sich der Plan perfekt. Die Leieranische Gruppe mußte um des eigenen Wachstums willen ihr Szenario ausspielen. Diese frühen außerirdischen »Götter« ließen Anhaltspunkte auf der Erde zurück, die dem Planeten helfen werden, ihr Erbe anzuerkennen. Erkennt die Menschheit dieses Wissen an, dann wird sie die Werkzeuge, die zur Lösung des Orion-Dramas nötig sind, ins Spiel bringen. Die Lösung geht einher mit der Bereitschaft. Läßt die menschliche Rasse wirklich Vielfalt innerhalb der Einheit zu, und zwar vorurteilsfrei, dann wird der Himmel auf der Erde sein.

9
Zeta Reticuli: Transformation und Erwachen

Sie suchen die äußerste Tiefe der Seele.
Sie suchen Verbindung
Whitley Strieber

Die Anfänge der Zeta-Reticuli-Zivilisation reichen bis zur Erschaffung des Apex-Planeten im Leieranischen System durch die Erschaffer zurück. Ihre einzigartige und erschütternde Entwicklung ist von großer Bedeutung für die Evolution des Erdplaneten.

Der Apex-Planet ließ es zu, daß die Polarität, die sich durch extreme Individualisierung ausdrückte, die Zivilisation auseinanderriß. Die Evolution ihrer Technik ging schnell voran und übertraf ihre spirituelle Entwicklung, was die Zeta Reticuli davon abhielt, friedlich auf ihrer Welt miteinander zu leben. Die Unausgewogenheit ihrer Energie führte zur eigentlichen Zerstörung des Apex-Planeten. Aus der Sicht eines Beobachters aus dem All wurde die Apex-Welt zerstört. Vom Standpunkt der Apex-Bewohner jedoch geschah etwas anderes.

Der Apex-Planet wurde hochgradig toxisch. Verschmutzung und starke Verstrahlung machten die Oberfläche des Planeten unbewohnbar. Die Apexianer, die die Katastrophe unterirdisch überlebten, hielten sich von den anderen fern.[27] Es war unum-

27. Diese unterirdische Abgeschiedenheit brachte verschiedene Gruppen von Apexianern hervor. Die in diesem Kapitel beschriebenen, sind eine wohlwollendere Rasse. Andere, mehr negativ orientierte (die das Chaos auf dem Planeten unterstützten), verließen den Planeten nach Tausenden von Jahren und siedelten sich in den Gebieten des Sirius und Orions an, hauptsächlich

gänglich, daß eine Integration in der unterirdisch lebenden neuen Gesellschaft stattfand, um nicht noch einmal den Zyklus der Zerstörung zu wiederholen. Sie erkannten die Wichtigkeit der Integration und beschlossen, sie durch Restrukturierung ihrer Wirklichkeit umzusetzen.

Als der Apex-Planet sich seiner Zerstörung näherte, waren Denkweise und Intellekt so hoch entwickelt, daß sie sich in den physischen Formen der Apexianer bemerkbar machten. Die Köpfe hatten sich innerhalb weniger Generationen bedeutend vergrößert. Da sie nicht mehr leicht den Geburtskanal passieren konnten, verringerten sich natürliche Geburten. Die weiblichen Wesen konnten sich der Schnelligkeit, mit der die Köpfe wuchsen, nicht anpassen. Im Vorgefühl einer auf die Rasse zukommenden Krise erlernten Gentechniker das Klonen, was eines Tages den Geburtsprozeß überflüssig machen würde. Dieser Schritt rettete ihre Rasse – denn die Apexianer waren, nachdem die Planetenoberfläche unbewohnbar geworden war, steril geworden.

Als sie ihre Unfruchtbarkeit bemerkten, beschlossen sie, diese Gegebenheit zu ihren Gunsten zu nutzen. Die Apexianer wollten nicht länger die einstige Zivilisation weiterführen. Sie wünschten einen Neuanfang. So beschlossen sie, streng die Genetik ihrer zukünftigen Gesellschaft zu überwachen. Gentechniker begannen an der Entwicklung ihrer neuen Rasse zu arbeiten. Diese Rasse würde (so glaubten sie) ein integrierter Aspekt ihrer Vergangenheit sein.

Als erstes veränderten sie genetisch die Gehirnstrukturen, um den emotionalen Ausdruck zu beeinflussen. Sie vermieden Gefühle von Leidenschaft und Chaos; sie wünschten sich Ordnung. Ihre Gehirne wurden dahingehend verändert, daß äußere Stimuli eine übereinstimmende chemische Reaktion

aber der Beteigeuze. Die negativen Wesen, die gegenwärtig mit der Erde in Verbindung stehen, sind als negative Sirianer und die Grauen bezeichnet worden. Sie haben ihre eigenen Gründe für den Kontakt mit der Erde.

hervorriefen. Sie lösten sich von ihrer Ego-Struktur. Nach Generationen neurochemischer Manipulationen entwickelten die Apexianer ein Massenbewußtsein. Individualistische Ausdrucksweisen, auf die sie einstmals stolz gewesen waren, verschwanden.

Planetarische Verstrahlung und die Auswirkungen ihres Klonens brachten eine Rasse mit wenig physischen Unterschieden zwischen den einzelnen Personen hervor. Um die unterirdische Umgebung ihres Planeten besser ausnutzen zu können, verkleinerten sie ihre Körper. In Anpassung an das Fehlen von ultraviolettem Licht und natürlichem Sonnenlicht, sprachen ihre Augen bald auf die verschiedenen Frequenzen des sichtbaren Spektrums an. Ihre Pupillen veränderten sich so, daß sie das ganze Auge bedeckten, und ihre Augen vergrößerten sich oberflächenmäßig, um mehr Licht einfangen zu können.

Als Reaktion auf das Fehlen von frischen Lebensmitteln, gewöhnten sich ihre Körper nach und nach an die Aufnahme bestimmter Lichtfrequenzen als Nahrung. Ihre Haut wurde photothermisch, photovoltaisch und empfindlich für Lichtquellen in den unterirdischen Höhlen. Geborgene Pflanzen und lichtabstrahlende unterirdische Mineralien unterstützten ihre Ernährung. Viele ihrer Organe, wie die der Verdauung und Fortpflanzung verkümmerten. Die Transformation, der sie sich unterzogen, berührte jeden Aspekt ihres Wesens. Es entstand eine neue Zivilisation.

Durch die Gewalt und die Vibration der einstigen apexianischen atomaren Explosionen krümmte sich der Raum, der den Apex-Planeten umgab, und sie tauchten auf »der anderen Seite« eines dimensionalen Korridors auf. Während der Abgeschiedenheit im Untergrund, die Tausende von Jahren währte, ahnten die Apexianer nicht, daß ihr Planet seine Position in Zeit und Raum verändert hatte. Erst als sie nach vielen Generationen an die Oberfläche zurückkehrten, entdeckten sie, daß der Sternenhimmel sich dramatisch verändert hatte. Jetzt erkannten sie das Ausmaß ihrer Handlungen. Der Apex-Planet hatte seine Position (relativ zu Zeit und Raum) im Kosmos verlagert. Er existierte jetzt – dimensionsgemäß – etwas abseits der ihnen vertrauten Welten. Um das Ereignis zu verstehen und dieses Wissen zu ihren Gunsten zu nutzen, begannen sie, die Wissenschaft, die sich mit der Krümmung von Raum und Zeit beschäftigte, zu meistern.

Am Tage, als sie die Planetenoberfläche wieder betraten, waren sie zu einer neuen Rasse geworden. So wie der Phönix sich aus der Asche erhebt, so hatten sie sich durch Zerstörung transformiert. Sie waren keine Apexianer mehr. Sie hatten eine neue Identität angenommen: die eines einzigen, das Ganze widerspiegelnden Volkes.

Aus der Sicht der Erde kann dieses eine Volk jetzt Zeta Reticuli[28] genannt werden. Ihr Planet reihte sich durch die Verlagerung in der Dimension in die nähere Umgebung von Zeta

28. Wie aus Fußnote 27 ersichtlich, gab es viele Untergruppen von Apexianern, die sich ins Innere der Erde flüchteten. Während ihres dortigen Aufenthaltes entwickelten sich verschiedene Gruppen zu den wohlwollenden Zeta Reticuli. Diese werden in Kapitel 9 beschrieben. Die Gruppe, die unter Fußnote 27 behandelt wurde, kann als negativ angesehen werden. Sie verließ nach Verlagerung des Planeten in die Zeta-Reticuli-Sternengruppe den ursprünglichen Apex-Planeten und kolonisierte einen anderen Planeten im Zeta-Reticuli-System. Sie sind der Erscheinung nach fast identisch und können nur durch ihre Vibrationen oder durch ihr Benehmen, welche beide negativ von Natur aus sind, erkannt werden.

Werden widersprüchliche Darstellungen von Zeta Reticuli gegeben, dann haben die Menschen es in Wirklichkeit mit Zeta Reticuli zu tun, die von verschiedenen evolutionären Punkten ihrer geschichtlichen Zeitlinie kommen, obgleich alle aus der Zukunft *der Erde* stammen. Die negativeren Manifestationen können ihre Vergangenheit sein, wohingegen einige der harmloseren Wechselbeziehungen von einer entwickelteren Stufe herrühren können. Kommen sie zu den Menschen in die Gegenwart, dann wird angenommen, daß sie einem einzigen Punkt in der Zeit entstammen. Kommen sie von verschiedenen Punkten in ihrer Entwicklung auf die Erde, dann erklärt dies das breite Spektrum der gemeldeten Entführungserlebnisse, die von denselben Wesen herrühren.

Reticuli 1 und Zeta Reticuli 2[29] in die Reticuli-Rhombodialis-Sternengruppe[30] ein. Von dieser Basis frischten sie ihre Verbindung mit den Erschaffern des Lebens auf. Bis zum heutigen Tage führen sie die Wünsche der Erschaffer für eine galaktische Evolution aus. Auch erkennen sie seit kurzem, daß sie ihre eigene Evolution durchführen.

Die Zeta Reticuli brauchen heute zur Stärkung ihrer genetischen Linie ein Mittel, um ihrer Rasse eine Zukunft zu ermöglichen. Nach generationenlangem Klonen und der Verwendung von stets gleichem Genmaterial, stagniert ihre evolutionäre Entwicklung durch Inzucht. Ihre Rasse stirbt, aber ihre Überseele möchte sich weiterhin physisch inkarnieren. Sie halten sich bewußt davor zurück, in den 5. Dichtigkeitsgrad überzuwechseln, denn sie möchten einen Samen hinterlassen, der genetisch fortpflanzungsfähig ist. Dies würde die Evolution des galaktischen Ganzen fördern.

Als sie ihre mißliche Lage erkannten, riefen sie nach den Erschaffern. Die Erschaffer wiesen die Reticuli auf einen Planeten hin, der genetisch einen Gen-Pool aus vielen menschenähnlichen Rassen besaß und der bis zur Entstehung der Leieranischen Rassen zurückreichte. So konnten sie das Genmaterial, ohne von Zivilisation zu Zivilisation zu wandern, an einem einzigen Platz sammeln. Dieser Planet ist die Erde.

29. Die Definition aus Websters Wörterbuch für »reticular« ist »wie ein Netzwerk, kompliziert«. Einige werden sicherlich zugeben müssen, daß die Psyche der Zeta-Reticuli-Wesen wirklich sehr kompliziert ist.

30. Einer der bekanntesten frühsten UFO-Entführungsfälle, der diese Herkunft der Wesen belegt, ist der Betty- und Barney-Hill-Fall. 1961 wurde Betty Hill während ihrer Entführung eine Sternenkarte gezeigt. Jahre später zeichnete sie diese Karte unter Hypnose. Zu jener Zeit war diese Sternengruppe auf keiner bekannten Sternenkarte eingetragen. Seitdem ist bekannt geworden, daß Bettys Zeichnung identisch ist mit einer neu entdeckten Sternengruppe, die von der südlichen Hemisphäre der Erde gesehen werden kann. Die Sternengruppe, das Reticulum Rhomboidalis (Rombodiale Netz) beherbergt die Sternengruppe Zeta Reticuli 1 und 2.

Die Zeta Reticuli wurden ursprünglich in den 40er Jahren von der Erde angezogen, als der Planet sich die Technologie der Selbstzerstörung angeeignet hatte. Sie wußten wohl, daß ihre eigene Vergangenheit die mögliche Zukunft der Erde sein könnte. Ihre Fähigkeit, durch die Zeit zu reisen, erlaubte ihnen, genetisches Material aus jeder vergangenen Epoche der Erde zu entnehmen. Sie benötigten jedoch Genmaterial aus einer Zeit, in der die Zivilisation am Rande der Zerstörung und Transformation steht. Dieses wird ihnen bei ihrem eigenen integrativen Prozeß helfen. Auf eine Art ist dies ihr Weg, ihre Vergangenheit zu *ändern*. Durch ihre Wechselbeziehung mit der gegenwärtigen Erde heilen sie ihre Vergangenheit und verändern ihre Zukunft. Sie führen heute dieses genetische Programm auf der Erde aus. Da dieser Planet noch nicht verstanden oder akzeptiert hat, daß die Seele eine Wahl hat, betrachten sich diejenigen, die Teil dieses genetischen Programms sind, als Opfer. Es gibt Tausende von Geschichten, in denen entsetzte Entführte wiederholt Erlebnisse schildern, in denen Außerirdische sie aus ihren warmen Betten zerren.[31] Erlebnisse, auf die mit Entsetzen reagiert wird, treten auf, weil die Menschheit noch nicht bereit ist, ihren eigenen Schatten zu akzeptieren, der im Spiegel reflektiert wird, den die Reticuli darstellen.

Die Reticuli suchen nach bestimmten menschlichen Charakteristiken, die sie vor Äonen von Jahren aus ihrer Rasse herauszüchteten. Eine dieser Eigenschaften ist das Schwanken von Reaktionen auf äußerliche Stimuli. Um diese Eigenart wiederzuerlernen, müssen sie neurochemische Reaktionen auf eine Unzahl von Stimuli sammeln und studieren.

31. Obgleich die meisten Entführungen von den Zeta Reticuli durchgeführt werden, gibt es vereinzelt Fälle, in denen andere Gruppen das Entführungs-Szenario für ihre eigenen Zwecke nutzen. So zum Beispiel die negativ orientierten Sirianer, die Orionbewohner und solche, die oft als die »Grauen« bezeichnet werden. Sie wenden alle häufig Schreck einjagende Methoden an. Es ist wichtig, daß die Menschen den wohlwollenden Zeta-Reticuli-Kontakt von den mehr feindseligen Beziehungen zu unterscheiden lernen.

Ihre am häufigsten angewandte Methode, diese neurochemischen Sekrete zu untersuchen, ist, die Implantation einer organischen Sonde. Diese Sonden werden in den Kopf des Entführten, entweder durch die Nase, Augen oder in den Gehörgang eingesetzt. Diese Sonden absorbieren und katalogisieren neurochemische Daten und werden zeitweise zwecks Auswertung herausgenommen und wieder eingesetzt. Sollte eine Person sterben, werden die Sonden ganz natürlich vom Körper absorbiert.

Sie suchen im Menschen nicht nur nach biologischer, sondern auch nach emotionaler Information. Es sind Äonen vergangen, seit sie Kinder in die Welt setzten. Die menschliche Fähigkeit, Nachkommen zu umsorgen, fasziniert sie. Indem sie ihre neurochemischen Strukturen zu verändern beginnen, werden sie wieder fähig sein, mütterliche Gefühle für ihre Nachkommenschaft aufzubringen. Dies ist der Hauptgrund, warum Frauen entführt und gebeten werden, Hybriden-Kinder in die Arme zu nehmen. Diese irdischen Frauen helfen, die Instinkte der Mütterlichkeit und die der Zeugung in den Zeta Reticuli zu erwecken.

Die Menschheit hilft nicht nur *ihnen* – *sie* spielen ebenfalls eine lebenswichtige Rolle für die Erde. Die Erschaffer wissen, daß die Menschheit der Erde sich auf verschiedenen Ebenen integrieren *muß* – oder das Szenario des Konfliktes wird weiterbestehen. Die Zeta Reticuli reflektieren der menschlichen Rasse eine der grundlegendsten Ideen, die sie bisher verneint hat: Einheit. Die Menschen wiederum halten den Reticuli ihre eigene Individualität vor, welche sie erschreckt. Wenn die Kluft, die durch die Furcht der Menschheit entstanden ist, überbrückt werden kann, wird es eine gründliche Transformation geben.

Die Reticuli sammeln gegenwärtig Genmaterial von *Freiwilligen*, die auf der Seelenebene zustimmten, Teil des Erwachens der Erde und Teil der Geburt einer neuen Zivilisation zu sein. Auf dieser Stufe des Spiels ist die Angst der Entführten Mittel zum Zweck, denn auf der Erde wird Wachstum durch Furcht behindert. Kann die Menschheit die Furcht hinter sich lassen, werden viele Ziele erreicht sein, die gegenwärtig außer Reichweite zu liegen scheinen. Sie werden durch Wahrnehmung und nicht durch die Inkraftsetzung von Opferdasein erreicht. Die Reticuli müssen ebenfalls ihrer Angst ins Gesicht sehen (welche sie noch verneinen) und durch sie hindurchgehen. Ohne diese Angst, würde nur ein minimales Wachstum stattfinden. Manchmal bringen die größten Hindernisse die größte Belohnung mit sich.

Eine dieser Belohnungen ist die Erschaffung einer neuen hybriden Rasse, die die integrierten Qualitäten der Zeta Reticuli und der Erdenmenschen besitzt. Sie wird vereint und verschiedenartig sein. Sie wird viel Humor haben und fließende Emotionen. Aber in der Hauptsache wird sie der bedingungslos liebende Vorläufer sein, der uns zur Quelle des Ursprungs zurückführt.

10
Transformation: Heimkehr zu uns selbst

»Während alle anderen Kreaturen von Geburt an
mit nach unten gerichteten Augen
auf die ihnen blutsverwandte Erde starren,
gebietet Er dem Menschen, aufrecht zu gehen
und den Himmel abzutasten,
dem seine Seele entsprungen ist,
und dem seine Hoffnung gilt. *Ovid*

Integration heißt, auf allen Ebenen des Seins dem Gedanken zuzustimmen, ein unbestreitbarer Teil des Ganzen zu sein. Es bedeutet die Aufgabe aller Ablehnung. Es bedeutet, sich selbst und andere anzunehmen.

Da unser vereintes Bewußtsein diese Polaritätssphäre *schuf*, können wir sie verändern. Findet die Integration statt, dann wird diese Sphäre durch andersartige Parameter bestimmt. Wir werden sowohl zu Archetypen als auch zu Erschaffern werden. Unsere Perspektive wird sich verlagern, und wir werden uns als Schöpfer bewußt. Dies bedeutet aber durchaus nicht, daß wir unsere Identität verlieren. Es könnte sein, daß wir so weit erwachen, daß wir bewußt unser Schicksal bestimmen. Vielleicht werden wir andere Sphären zu betreten wünschen und unsichtbare Freunde sein für planetarische Gesellschaften, die noch mitten im Spiel der Abspaltung stecken. Wir könnten sogar zu Außerirdischen für einen anderen Planeten werden und über die gleichen Entscheidungen betreffs einer Einmischung grübeln, genauso, wie unsere Vorfahren es taten.

Indem wir reglos verharren und aufmerksam lauschen, können wir die Unterströmung dieser Transformation hören und fühlen.

Existenz und Verwandlung sind die einzigen Konstanten. Wir können das Spiel der Illusion spielen und uns als Zufallsschöpfung ansehen, aber früher oder später klopfen wir uns auf die Schulter, und das Spiel ist aus. In der Erdenrealität haben wir die Selbste der Arcuturianer, der Sirianer, der Leieraner, der Orionbewohner, der Reticuli, der Pleijadier etc. geschaffen, damit sie uns auf die Schulter klopfen. Sie sind in Wirklichkeit Bestandteil des gleichen Dinges – ein Teil von *uns*.
Wie können wir auf der Erde die Integration unterstützen? Zuerst müssen wir wissen, daß sie stattfinden wird – mit oder ohne unser bewußtes Handeln. *Der Unterschied ist nur, daß bewußtes Handeln die Reise dahin erfreulicher macht. Wir werden fähig sein, unsere Schicksale mehr zu beeinflussen.*
Das bewußte Handeln, das unseren Integrationsprozeß beschleunigt, heißt Zustimmung. *Geben* wir sie auf allen Ebenen, auf denen eine Integration geschieht, dann werden die Wege sich freudvoll vor unseren Augen entfalten.
Die Integration wird auf vier Hauptebenen stattfinden: auf der mentalen, emotionalen, spirituellen und physischen.

Mentalebene

Auf der Mentalebene zu integrieren bedeutet, daß wir es nicht nur unseren Denkprozessen gestatten, sich miteinander zu verbinden, sondern auch unseren intuitiven und emotionalen. Die Denkweise, die heute bevorzugt wird, ist fast gänzlich kopflastig. Formeln und Kalkulationen bestimmen die Realität des 20. Erdjahrhunderts. Gestatten wir es uns zu verstehen, daß die intuitiven und emotionalen Prozesse genauso gültig sind und zusammen mit dem Mentalen genutzt werden können, dann sind wir auf dem Wege, unsere Denkweise zu integrieren.

Emotionalebene

Um auf der Emotionalebene zu integrieren, müssen wir lernen, unser Schattenselbst anzunehmen. Wir könnten anfangen, unsere inneren Kammern zu öffnen und tief in unserem Unterbewußtsein nach Überzeugungen zu suchen, die uns behindern. Öfters als angenommen möchten diese vernachlässigten Teile von uns beachtet werden. Wie die Pleijadier und vor ihnen die Leieraner erkannten, verlängert Leugnung nur den Schmerz der Existenz. Laßt uns von diesen anderen Selbsten auf entfernten Welten lernen. Laßt uns nicht wieder und wieder die gleichen Erfahrungen machen.

Spirituelle Ebene

Spirituell zu integrieren ist vielleicht das leichteste von allen. Jede Person besitzt eine innere Spiritualität, die nicht an eine Doktrin gebunden ist. Können wir uns von der Doktrin lösen und die innere Spiritualität berühren, dann beginnt der Integrationsprozeß. Er reicht über den Planeten hinaus, da *er die Wahrheit einer jeden Person* ehrt als Manifestation der Einen Wahrheit. Dies gestattet einem jeden von uns, innerhalb unserer Philosophien zu co-existieren, ohne die Überzeugungen des anderen verändern zu müssen. Die Tatsache, daß Gott/ALL-DAS-IST existiert, wird nicht durch unsere Argumente darüber verändert, welche Farbe »sein« Ornat schmückt. Wir haben solche Angst, allein und einsam zu sein, daß wir durch unseren Wunsch, gemeinsame Grundsätze zu besitzen, nur noch mehr Trennung schaffen. Wenn wir den Mut haben, an diese innere Spiritualität zu rühren, werden wir unsere Transformation erblühen sehen.

Physische Ebene

Die physische Integration unterscheidet sich leicht von den anderen. Sie bringt mit sich die Anerkennung unserer Vergangenheit und unserer Geschichte als Teil eines großartigen Szenarios auf einer kosmischen Größenordnung. Wir spalteten uns vom Ursprung und den Erschaffern ab. Wir haben unsere Individualisierung bis zum äußersten vorangetrieben. Um wieder

Eins zu werden, müssen wir uns als Teil unserer galaktischen Familie anerkennen. Während wir unsere rassische Furcht überwinden – Hautfarbe und kulturelle Unterschiede errichten Schranken zwischen uns –, durchschreiten wir ebenfalls die Ängste, die uns daran hindern, die uns angebotene Verbindung mit den Zeta Reticuli zu feiern. Wir können die Integrationen auf allen Ebenen zulassen.

Nicht ein Einzelner kommt *von* einem anderen Ort. Unser aller Ursprung ist die Quelle, und sie ist unermeßlich groß. Zu sagen, wir kämen *von* den Pleijaden, heißt, all unsere anderen Vorstellungen unseres Seins zu leugnen. Ständig zu verneinen, daß unsere Existenz Teil des Planetenkörpers ist, verwirrt unsere irdischen Selbste. Wir sind ALL-DAS-IST! Fühlen wir uns einer entfernten Rasse verbunden, identifizieren wir uns mit dem, was sie sind oder mit verschiedenen Leben, die wir in jenem System verbrachten. Bestehen Individuen darauf, daß sie *von* anderswo herkommen, dann sollten sie ihre Verbindung zur Erde stärken. Sie haben sich ihr Leben *hier* ausgesucht. In gewisser Weise können die Menschen der Erde als Integrations-Beispiel gelten. Wir sind göttlich und irdisch; Götter und Sterbliche. Wir sind der positive Beweis dafür, daß menschliches Leben sich an scheinbar unüberwindliche Schwierigkeiten anpassen kann. Laßt uns die *Menschheit* feiern!

Es gibt keine Raumbrüder, die uns *wahrhaftig* retten werden – sie sind zu beschäftigt damit, sich selbst zu retten! Wir sind keine Kinder. Obgleich wir noch immer das Spiel der Unbewußtheit spielen, sind wir für andere Zivilisationen ein Rätsel. Wir sind die Zivilisation, die sich zu sterben weigerte! Unsere Beweglichkeit und unser Vertrauen in unsere Fähigkeiten haben unseren Wert bewiesen. Wir weigerten uns im Garten Eden, uns von der Leieranischen Gruppe beherrschen und benutzen zu lassen. Verschiedene »Plagen« der Götter haben es nicht vermocht, uns auszulöschen. Dank Noah und dem

Sirianischen Lehnsherrn, der ihn warnte, sind wir heute eine blühende Zivilisation.

Viele mögen sich fragen, warum die Erde von so vielen außerirdischen Gruppen beobachtet wird. Vielleicht sind wir eine vorhersehbare Demonstration für stattfindende Integration. Sie mag schmerzhaft sein, aber auf der Massenbewußtseinsebene kann Schmerz wunderbare Resultate erzeugen.

Die gegenwärtige und die zukünftige Erde ist dieses Wunder. Laßt uns dieses Wunder feiern, indem wir uns integrieren und die Verantwortung für unsere planetarische Realität übernehmen. Wir sind Teil der Vereinigung der Welten und unsere Mitgliedschaft wartet auf Erneuerung! Dieses Mal jedoch erfordert die Mitgliedschaft unser Erwachen zum kosmischen Drama, an dem wir teilhaben wollten. Unser Erwachen wird uns nach Hause bringen… zu uns selbst.

Wörterverzeichnis

Adam. Dies ist der Name, der dem ersten beständigen Modell Homo sapiens-Prototypen gegeben wurde. »Adam« kommt vom hebräischen »Adama« und bedeutet »geschaffen aus dem Staub der Erde«, also »Erdling«; Sumerisch »Adapa« was »Modell-Mensch« bedeutet.

ALL-DAS-IST. Dieser Ausdruck steht für »Gott« oder »Schöpfer«, denn er schließt den Beobachter als Teil des Schöpfers ein.

Altair. Altair, dessen Zivilisation von der Wega kolonisiert wurde, liegt 15 und 1/5 Lichtjahre von der Erde entfernt. Altairs Magnitude ist 1,3 und seine Farbe hellgelb. Die Zivilisation von Altair ist ruhig und beschaulich, sie hat eine friedvolle philosophische Ausrichtung. Sie ist zur Zeit nicht an der Erkundung des Weltraums beteiligt.

Andromeda. Andromeda ist eine große Spiralen-Galaxie und der Milchstraße am nächsten, mit einer Entfernung von 2,2 Millionen Lichtjahren. Die Natur der Andromeda-Sphäre ist abstrakt und fließend. Ein dimensionaler Korridor besteht in unserer nahen galaktischen Nachbarschaft als Brücke zur Andromeda-Energie. Diese Brücke/Korridor ist der Stern Antares.

Antares. Liegt in der Skorpion-Konstellation und wird als Doppelstern angesehen, feurigrot und smaragdgrün. Antares ist von unserer Galaxie die interdimensionale Brücke zu Andromeda. Einige Seelen, die sich physisch inkarnieren, passieren das Antares-Tor, um die Seelen-Erinnerung zu reaktivieren.

Anubis. Im alten Ägypten war Anubis der Führer durch die Unterwelt. Er wurde dargestellt als sich duckender Wüstenhund oder

Schakal. Er war bekannt dafür, die Seelen sowohl durch das Astralreich (wie im Traumzustand) zu führen, als auch nach Amenti, oder Land der Toten. Es ist interessant, daß die Nachsilbe »an« im Sumerischen und Ägyptischen »vom Himmel« bedeutet. Anubis (Anpu in Ägyptisch) und Anu (Sumerisch) wurden beide symbolisch als Schakal oder Hund dargestellt und deuten eine direkte Verbindung zum Hundsstern Sirius an.

Apex-Planet, Apexianer. Der Apex-Planet war einer der ersten in der Leieranischen Sternengruppe, der eine entwickelte Zivilisation hatte. Nach seiner planetarischen Katastrophe wurde der Apex-Planet dimensional in ein anderes Raum/Zeit-Gefüge verlagert. Die Apexianer entwickelten sich nach und nach zur Rasse der Zeta Reticuli.

Archetypus. Das »Living Webster Encyclopedic«-Wörterbuch definiert das Wort Archetypus als »Modell oder erste Form, das ursprüngliche Muster, nach dem ein Ding gemacht ist, oder dem es entspricht«. Diese Definition deutet an, daß alle unsere archetypischen Vorstellungen in den Mustern enthalten sind (ab Geburt der galaktischen Menschheit), die sich zu entwickeln fortfahren. Neue Symbole dieser Muster entstehen, aber die ihnen innewohnenden Eigenschaften sind dieselben.

Arcturus/Sirius-Matrix: Die vereinten Energien von Arcturus und Sirius stellen ein Gleichgewicht von physischer, emotionaler und spiritueller Heilung dar. Diese Matrix ist von der Menschheit seit ihrer Erschaffung angezapft worden und durch viele archetypische Ideen bekannt geworden.

Arcturus. Arcturus wird als goldener Stern gesehen, mit einer Magnitude von 0,3. Seine Energie arbeitet als emotionaler und spiritueller Heiler mit den Menschen. Er hat ebenfalls ein Energietor, durch das die Menschen bei Tod und Geburt gehen. Es dient als Station für nicht-physisches Bewußtsein, um sich der Physikalität anzupassen.

Ätherisch. Ätherisch betrifft eine Umgebung, die nicht auf der physischen Realität angesiedelt ist, aber dennoch eine Form hat. Viele

Ideen und Vorstellungen im Ätherischen können sich in der physischen Welt manifestieren.

Atlantis. Dies war eine gemeinsame außerirdische/menschliche Kulturperiode vor der Sintflut. Die Sintflut fand ca. 11 000 v. Chr. statt.

Australopithecus. Bezeichnung für jeden Humanoiden der ausgestorbenen Gattung des Australopithecus des Eiszeitalters. Der aufrechtgehende Australopithecus ist das erste Wesen, das als menschenähnlich angesehen werden kann und vor ungefähr 2 Millionen Jahren lebte.

Baum der Erkenntnis von Gut und Böse. Laut Genesis stand dieser Baum in Garten Eden, dessen Fürchte zu essen, Gott Adam und Eva verbot. Hier symbolisiert der Baum der Erkenntnis das Wissen um die Polarität.

Baum des Lebens. In der Genesis wurden Adam und Eva aus Eden vertrieben, und es wurde ihnen verboten, vom Baum des Lebens zu essen, welches ihnen Unsterblichkeit geben würde. Im Text repräsentiert dieser Baum das Wissen um die göttliche Beziehung zwischen Menschen und dem Schöpfer – die Enthüllung, daß unsere Spiritualität nicht von denen abhängt, die uns genetisch hervorbrachten.

Bewußtsein. Bewußtsein ist die aller Schöpfung innewohnende, bindende Kraft. Sie existiert in unzähligen Erscheinungsformen und mag jeder Definition trotzen.

Cetacea. Cetacea sind Meeressäugetiere der Gattung Cetacea, welche Wale, Delphine und Tümmler einschließen. Die Cetacea besitzen ein Bewußtsein ähnlich der Menschen und werden von Außerirdischen als »Wassermenschen« angesehen.

Channeling. Channeling ist der Prozeß, durch den man sich mit einer unendlichen Zahl von dimensionalen Realitäten in Verbindung setzt. Sie kann durch Schreiben, wörtliche Wiedergabe, Kunst, Musikkompositionen und jeden anderen kreativen Ausdruck stattfinden.

Chaos-Theorie. Lehre von der scheinbaren Zufälligkeit der Bewegung, die eine viel tiefere Ebene der Ordnung als bei oberflächlicher Beobachtung aufzeigt.

Cherubim. Die ältesten Berichte über Formen von Cherubim (in den Akkadischen und Sumerischen Überlieferungen) beschreiben eine mechanische Sicherheitsvorrichtung (z. B. einen Roboter), die benutzt wurde, um hochsensitive Gebiete der Götter abzusichern, zu denen den Menschen der Zutritt verweigert wurde. Diese Vorstellung weitete sich später zu einer mehr abstrakten und spirituellen Idee aus und ist in der archetypischen Darstellung einer geflügelten göttlichen Figur zu finden, die die heiligen Plätze bewacht und ein Diener Gottes ist.

Christusbewußtsein. Das Christusbewußtsein ist der Aspekt des Massenbewußtseins, der sich als ein einziges Wesen ansieht. Dies entspricht der Vibration des sechsten Dichtigkeitsgrades.

Cro-Magnon. Cro-Magnon waren eine Gruppe von großen, aufrechtgehenden prähistorischen Menschen, die Knochen- und Steinwerkzeuge benutzten. Vor 35000 Jahren erschien diese neue Rasse (später identifiziert als größerer Homo-sapiens-Typ, oder »denkender Mensch«) wie aus dem Nichts und lebte für eine Periode neben der aussterbenden Rasse des Neandertals.

DAL. Hierauf wird sich in Billy Meiers Kontakt-Material bezogen. Die DALs sind eine humanoide Spezies; die Ratgeber der Pleijadier.

Deva. Im Sanskrit bedeutet Deva einen Gott oder eine Gottheit, einer der guten Geister. Im westlichen Mystizismus wird die Deva-Energie angesehen als das Geist-Bewußtsein der Mineralien, Pflanzen, Tiere und der mehr subtileren Formen wie Feen.

Dichtigkeitsgrad. Dichte ist eine Schwingungsfrequenz und kein Ort, wie das Wort »Dimension« andeutet. Die Struktur des Dichtigkeitsgrades dieser Realität wird hauptsächlich durch sieben Ebenen ausgedrückt, obgleich jede Ebene in sich Unterebenen hat. Die Dichtigkeitsskala ist ein Modell, das benutzt wird, um die Richtung der eigenen Wahrnehmung im Vergleich zu anderen Realitäten zu bestimmen.

Dimension. Dimension bezieht sich auf einen Punkt im Raum/Zeitgefüge anstatt auf die Vibrationsfrequenzen einer Person (Dichtigkeitsgrad). Das Webster Wörterbuch definiert »Dimension« als »Größe, die auf besondere Art gemessen wird, spezifisch Länge, Breite, Höhe oder Zeit«. Es existieren eine unendliche Zahl von Dimensionen innerhalb eines gegebenen Dichtigkeitsgrads oder einer Vibrationsfrequenz.

DNA. DNA ist die Abkürzung für Deoxyribonukleinsäure, die eine Komponente der Chromosomen ist und aus einer langen Kette von Molekülen besteht, die viele sich wiederholende und verschiedenartige Kombinationen von vier Nukleotiden besitzen, von denen eine Zucker-Deoxyribose ist; Unterabteilungen des Moleküls werden als Gene angesehen. DNA ist der Hauptspeicher für genetische Information.

Dogon. Die Dogon sind ein afrikanischer Stamm, der in Mali (Westafrika) in der Nähe von Timbuktu lebt und wahrscheinlich von Ägypten auswanderte. Viele Generationen lang bewahrte er das Wissen hochentwickelter Astrophysik, das sich auf das Sirius-Sternensystem bezieht. Er beruft sich darauf, daß ihnen das Wissen von den Wesen dieses Sternensystems übermittelt wurde.

Ego. Ego ist gleichzusetzen mit dem »Ich« oder Selbst – zur Unterscheidung von den Selbsten der anderen. Es ist Teil der Psyche, die in der physischen Realität bewußt ist und als Mittler zwischen den inneren und äußeren Welten auftritt.

Engelreich. Es existiert in der Sphäre des fünften und sechsten Dichtigkeitsgrads und hat eine Wechselbeziehung zur Erde in verschiedenster Weise. Diese schließen Manifestationen von Geistführern, Visionen, Inspirationen, Channeling und telepathischer Verbindung ein. Energien als Engelerscheinungen stammen häufig aus der Arcturus-Sphäre.

Enki. Im Sumerischen bedeutet Enki »Herr der Erde«, und er wird als derjenige betrachtet, der das Wissen der Zivilisation den Menschen mitteilte. Er war den Babyloniern ebenfalls bekannt als »Oannes« und den Ägyptern als »Phat«. Er war der Gott der Weisheit und des Wissens, und in allen Zeiten war die Schlange sein Symbol.

Gemäß der Sumerischen Texte war Enki derjenige, der Noah anwies, eine Arche zu bauen, um die Menschheit zu retten. Dies geschah trotz anders lautender Anweisung von Enlil, der die Menschheit zu zerstören wünschte.

Enlil. Auf Sumerisch bedeutet Enlil »Herr der Lüfte«, und er wurde als Herrscher über alles Land angesehen. Die Sumerer betrachteten ihn als höchstes Wesen. Enki und Enlil waren Halbbrüder, die den gleichen Vater hatten. Jeder von ihnen bestand darauf, der Erstgeborene zu sein, was wiederum dazu führte, daß jeder sich als regierende Gottheit betrachtete. Dieser Konflikt, so wird geglaubt, ist der Ursprung vieler späterer Auseinandersetzungen zwischen den Göttern.

Entführungen. Aus der Sicht eines Entführten ist dies ein unfreiwilliges Festhalten durch verschiedene außerirdische Gruppen zum Zweck von: (1) Untersuchungen, (2) Sammeln von genetischem Material, (3) Aufspüren von genetischen Familiengeschichten, (4) Unterhalten und Entwicklung von Hybriden-Programmen, (5) Beobachtung von mütterlichen Verhaltensweisen, (6) Beobachtung von neurologischen Reaktionen auf emotionale Stimuli, (7) Aufnahme von Beziehungen und anderer Zwecke, (8) Einflößung von Furcht und Entsetzen, welches – so glauben die negativ orientierten Außerirdischen – die Entwicklung oder Beschleunigung des Bewußtseins des Entführten und des Massenbewußtseins behindert. Aufgeführt sind einige Gruppen, die an Entführungen teilnehmen und ihre Hauptgründe für diese Wechselbeziehung.
Zetas Reticuli: * 1, 2, 3, 4, 5, 6, 7
Physische Sirianer (negativ): * 1, 2, 3, 8
Pleijadier: * 1, 3, 6, 7
Graue: * 8
Physische Orionbewohner: * 8

Erschaffer. Die Erschaffer sind die Kollektivseele der humanoiden Familie. Sie erscheinen den physischen Wesen als humanoide Gestalt – groß, graziös, androgyn – sie sehen etwas insektenähnlich aus. Die Menschheit ist das Ergebnis der inneren Abspaltung der Erschaffer.

Es. Freud definiert das Es als Teil der Persönlichkeitsstruktur, die primitiv, instinktiv, kindisch ist und das Lustprinzip beeinhaltet. Die

Eigenschaften des Es können verglichen werden mit dem zweiten Dichtigkeitsgrad, durch den der Mensch im frühen Lebensstadium geht.

Eva. Eva war der erste weibliche Prototyp, der durch Klonen oder Gen-Splissung des männlichen humanoiden Prototyps namens Adam entstand. Dies betrifft nur den Homo sapiens.

Frequenz. Stoff ist vibrierende Energie. Verschiedene Schwingungsfrequenzen machen die Eigenschaften der Materie aus. Die Frequenz ist die Geschwindigkeit, mit der Moleküle oder Bewußtseine vibrieren.

Galaktische Familie. Die galaktische Familie ist eine Gruppe von außerirdischen Wesen (physisch und nicht-physisch), die energetisch und/oder physisch mit der Erdentwicklung verbunden sind. Diese schließen ein: die Leieranischen Rassen, die Arcturianischen, Siriaschen, Pleijadischen Rassen, die Zeta Reticuli, die Orionbewohner und viele andere nicht erwähnte.

Homo sapiens. Homo **sapiens** ist die einzig überlebende Spezies der menschlichen evolutionären Entwicklung, oder der moderne Mensch, der der Gattung des Homo und der Primatenfamilie Hominidae angehört. Der Bericht in der Genesis über die Erschaffung des Menschen bezieht sich auf den Homo sapiens, nicht auf andere ausgestorbene Spezies wie den Neandertaler.

Homo. Homo (lat. für »Mensch«) bezeichnet eine Gattung von Primaten, welche alle Rassen des modernen Menschen (Homo sapiens) umfassen und auch verschiedene ausgestorbene Rassen.

Humanoid. Humanoid, wie in diesem Text benutzt, bezieht sich auf jeden Abkömmling der Leieranischen Rasse.

Hybriden. Hybride enstammen heterogenen Quellen oder sind zusammengesetzt und von verschiedener oder gemischter Herkunft. Die Hybriden in der UFO-Literatur sind hauptsächlich eine Kreuzung zwischen dem Erdenmenschen und den Zeta Reticuli. Der besondere Prozeß, der angewandt wird, um diese Hybriden zu erschaffen, ist noch nicht enthüllt worden. Es werden nicht nur genetische Spleißung und genetisches Klonen angewandt, sondern auch eine

Art von Licht-Plasma-Technik, die den Menschen unbekannt ist. (Näheres siehe Buch »Besucher von Innen«, Lyssa Royal, Anm. d. Übers.)

Illuminati. Websters Wörterbuch definiert »Illuminati« als »Personen, die höchste Erleuchtung besitzen oder vorgeben«; ein Name für verschiedene Gruppierungen oder Gesellschaften, die vorgeben, höchste Erleuchtung erreicht zu haben. Dieses Wort kann sich auch auf Menschen und verschiedene außerirdische Gruppen beziehen, die entweder durch Selbsttäuschung oder vorsätzlich versuchen, Kontrolle über die menschliche Gesellschaft auszuüben. Einige dieser negativen Gruppen können sein: Orionbewohner, Sirianer, Leieraner oder »abtrünnige« Pleijadier. Die historische Gründung der Illuminati wurzelt in der Vergangenheit, als verschiedene Gruppen die ganze Erde oder Teile kontrollierten (oder um Kontrolle kämpften). Aufgrund dieser alten Wechselbeziehungen glauben die Illuminati, territoriale Rechte über die Erde zu haben, über die sie noch immer streiten. Einige werden versuchen, sich zu inkarnieren, um ihre Wünsche im Physischen zu erfüllen. Die Illuminati können ebenfalls vom Nicht-physischen her angesehen werden als archetypische Energie, die einstmals physisch mit der Erde Kontakt hatte. Diese Gruppe umging die natürliche Evolution und wurde zu einem besonders konzentrierten Archetypus. Dieser Archetypus ist eng mit dem Planeten durch sein Bedürfnis verbunden, die Menschen von ihrem natürlichen evolutionären Prozeß abzuhalten.

Inkarnieren. Der Vorgang der Inkarnation (so wie der Ausdruck verwendet wird) ist der Prozeß, bei dem eine Seele sich in einen physischen Träger inkarniert, und zwar in einem durch Trennung gekennzeichneten Dichtigkeitsgrad wie den dritten oder vierten. Die Illusion, die geschaffen wird, ist der Erinnerungsverlust an die größere Identität des individuellen Bewußtseins.

Isis. Im alten Ägypten wurde Isis als Frau/Schwester von Osiris, Schwester von Nephthys und Mutter von Horus angesehen. In der ägyptischen Mythologie wird sie als Göttin mit ungeheurer magischer Kraft dargestellt und als der Archetyp des Mütterlichen. Anderen Kulturen war sie bekannt als Ishtar (bei den Semiten), Athene (Griechen), Kwan Yin (Chinesen) und Inanna (Sumerer).

Karma. Karma bedeutet Gleichgewicht und ist ein Prinzip, das von der Seelenenergie von Lebenszeit zu Lebenszeit getragen wird. Die überlieferte Anschauung von Karma war, daß Karma das Gesetz »Auge zu Auge, Zahn um Zahn« darstellt. Eine multidimensionalere Perspektive vertritt die Auffassung, daß Karma durch die Ausübung des freien Willens und der Wahl ersetzt wird, zusammen mit der Verpflichtung, die eigene höchste Wahrheit auszuüben. Karma kann von einem Einzelnen getragen werden, einer Gruppe, einer Rasse oder vom Massenbewußtsein.

Klonen. Klonen ist eine asexuelle Methode der Fortpflanzung und benutzt einen ursprünglichen Samen oder genetischen Stamm zwecks Vervielfältigung.

Kristallschädel. Er wurde in Süd-Mexiko gefunden, ist aus Kristall und in die Form eines menschlichen Schädels geschnitzt. Der überaus bekannte Schädel ist gegenwärtig im Besitz von Anna Mitchell-Hedges. Viele berichten, daß sie in der Nähe dieses Schädels mystische oder paranormale Erlebnisse haben.

Leier. Die Konstellation der Leier ist in der Mythologie der Erde seit langem bekannt. Einige haben sie sogar mit den Pleijaden verbunden (Ovid z. B. erwähnte, daß die sieben Saiten der Leier der Anzahl der Pleijaden gleicht). Sie kann als Geburtsort oder als Schoß der humanoiden Rasse innerhalb des Erdumfeldes in der Milchstraße angesehen werden. Alle Unterrassen wie die Sirianer, Orionbewohner, Erd/Terraner, Pleijadier, Weganer, Zeta Reticuli, Bewohner von Centauri, Altair (und viele weniger bekannte Gruppen) sind Abkömmlinge der Leieranischen Rassen.

Leieranische Gruppe. Leieranische Gruppe bezieht sich auf die ursprünglichen Aussäer des humanoiden Lebens auf der Erde. Hier im Text werden die Leieraner als die Vorväter anderer Gruppen wie die Pleijadier und Sirianer angesehen, sowohl als auch für die erste physische Abspaltung von den Erschaffern des Lebens.

Lemurien. Lemurien war ein Kontinent und eine Kulturperiode vor Atlantis, die sich aber auch überschnitten. Es lag im Pazifik der Erde und man glaubt, daß es die erste von Außerirdischen beeinflußte Kultur war.

Linsenförmige Wolken. Linsenförmige Wolken haben die Form einer doppelten Konvex-Linse. Ihre oftmals atemberaubende Erscheinung ähnelt einem untertassenförmigen Raumschiff. Obgleich die Natur hinter solcher Wolkenformation steht, wird die physische Umgebung außerirdische Energie oder Bewußtsein durch diese Form umsetzen.

Makrokosmos. Makrokosmos ist das größere Modell eines kleineren. Ein Beispiel ist das Sonnensystem, das die Struktur atomarer Partikel darstellt.

Männer in Schwarz. Auch bekannt als »MIBs«; diese Wesen sind bekannt dafür, daß sie UFO-Kontaktler in Schrecken versetzen. Sie werden als groß beschrieben und tragen schwarze Kleidung. Sie sehen etwas orientalisch aus und tragen dunkle Brillen. Ihre offensichtliche Aufgabe ist es, die Kontaktler zu ängstigen, damit sie Stillschweigen über ihre Erlebnisse und ihr Wissen wahren. Zuerst wurde angenommen, sie seien Regierungsagenten, aber neuere Vermutungen sind: Gedankenformen, Androiden und negativ orientierte Außerirdische (Orionbewohner, Sirianer und die Grauen). Sie können eines oder alle (in verschiedenen Kombinationen) der obigen Begriffe sein.

Massenbewußtsein. Massenbewußtsein bezieht sich auf die alleinige Identität einer Gruppe. Zum Beispiel besteht das Massenbewußtsein der Erde aus jedem individuellen Bewußtsein, das zu einer homogenen Einheit zusammengefaßt ist.

Matrix. (lateinisch: Mater/Mutter) Matrix ist etwas Ursprüngliches, Entwickelndes oder Umfassendes; ein Netzwerk von Vorstellungen, die eine symbiotische Beziehung haben, eine archetypische Schablone.

Meier, (Billy) Eduard. Der Schweizer Billy Meier besitzt eingehende Notizen von wiederholten Kontakten mit Pleijadischen Wesen u.a.; zahlreiche Fotos zeigen deutlich ins Detail gehende Raumschiffe.

Meta-atomar. Meta-atomar bedeutet jenseits des atomaren Bereichs. Die Schablone, die subatomare Natur kennzeichnet, existiert auf meta-atomarer Ebene.

Mikrokosmos. Mikrokosmos ist alles, was in einer Miniaturwelt vorhanden ist. Ein Beispiel ist der Vergleich der atomaren Struktur zur Struktur eines Sonnensystems.

Multidimensional. Eine dimensionale Vorstellung ist eine Idee, die viele Bereiche einschließt. Menschen werden als multidimensional bezeichnet, weil sie auf vielen dimensionalen Ebenen existieren, die unsichtbar oder nicht meßbar sind.

Neandertal. Der Neandertaler ist ein prähistorischer Höhlenbewohner des späten Eiszeitalters (Homo neanderthalensis), dessen Knochen in Teilen von Europa, Afrika und Asien gefunden wurden. Das Alter der gefundenen Überreste kann bis auf 100 000 Jahre zurückdatiert werden. Er scheint sich aus den Homo erectus entwickelt zu haben und ist dann während des Auftretens des Homo sapiens vor 35 000 Jahren ausgestorben.

Noah. Noah ist eine semitische Ableitung des viel älteren Namens »Utnapishtim« und des akkadischen »Ziusudra«. Die Überlieferungen dieser Zivilisationen beschreiben einen Noah-ähnlichen Charakter, der vor der Flut durch den Gott Enki gewarnt wird. Die Geschichte der Sintflut in der Genesis ist eine Zusammenfassung der viel früheren und detaillierteren vorbiblischen Berichte in Sumerischer und Akkadischer Literatur.

Orion. Die Orion-Konstellation ist ein Sternenmuster, das die Menschheit seit alten Zeiten gefesselt hat. Das Wort Orion mag vom alten Akkadischen Wort »Uru-anna«, abgeleitet sein, welches »das Licht des Himmels« bedeutet. Westliche Kulturen haben diese Konstellation oft als den Jäger identifiziert. Die dem Orion innewohnende Energie ist mit dem Polaritätskonflikt in Verbindung zu bringen. Die Erde versucht gegenwärtig eine letzte Integration dieser Polaritäten, daher die starken Gefühle vieler Menschen, die vom Orion angezogen sind.

Orionlicht. Der Begriff bezieht sich auf den Punkt der Orion-Evolution, an dem die Integration der Polarität erreicht wurde. Es kann ebenfalls als Orion-Massenbewußtsein betrachtet werden – der nicht-physische Aspekt des Orion, der aus der Sicht der Einheit und Integration handelt.

Osiris. Osiris ist einer der Hauptgötter Ägyptens. Sein Beiname war »der eine Jahreszeit auf dem Orion wohnt und eine Jahreszeit auf der Erde«. Was seine eigentliche Identität auch sein mag, die ältesten Überlieferungen deuten stark auf seinen außerirdischen Ursprung hin.

Osterinsel. Die Osterinsel liegt im Pazifik zwischen Chile und franz. Polynesien und ist bekannt für ihre mysteriösen Statuen humanoider Wesen, die über die ganze Insel verstreut sind.

Photothermisch. Photothermisch schließt beides, Licht und Hitze ein. In ihren unterirdischen Höhlen mutierten die Apexianer/Zeta Reticuli, um bestimmte Lichtfrequenzen in Hitze umzuwandeln.

Photovoltaisch. Photovoltaisch bezieht sich auf die Idee, elektrischen Strom aus Licht oder ähnlicher Strahlung herzustellen. In den unterirdischen Höhlen mutierten die Apexianer/Zeta Reticuli bis zu dem Punkt, an dem sie bestimmte Licht- und Strahlungsfrequenzen zu elektrischer Energie umwandeln konnten.

Plasmische Energie. Bezogen auf den Text bedeutet plasmische Energie ein hochkondensiertes, fast flüssiges Licht.

Pleijaden. Die pleijadische Gruppe ist ein offener Sternenhaufen in der Taurus-Konstellation, etwa 500 Lichtjahre von der Erde entfernt. Es gibt 250–500 Sterne innerhalb dieses Haufens, obgleich nur neun einen Namen haben. Die alten Kulturen geben sieben Sterne an. Diese schließen China ein, die sie als »die sieben Schwestern der Industrie« und Griechenland als »die sieben Töchter des Atlas« bezeichneten. Mehr als irgend eine andere Sternengruppe haben die Pleijaden die Aufmerksamkeit der alten und modernen Zivilisation auf sich gezogen.

Polarität/Polarisation. Polarität bedeutet das Auftreten zweier gegensätzlicher (oder kontrastierender) Prinzipien oder Neigungen. Polarisation ist das Ergebnis des Polaritätszustandes, wo Lichtstrahlen oder Energie gegensätzliche Eigenschaften in unterschiedlichen Richtungen ausdrücken.

Prisma der Leier. Archetypische Idee, bei der das Bewußtsein diese Realität betrat. Der Eintrittspunkt für die galaktische Familie der

Erde liegt innerhalb des Leieranischen Systems. Als Bewußtsein/ Energie entstand, teilte es sich in sieben Dichtigkeitsfrequenzen, so wie ein Prisma Licht in sieben sichtbare Farben aufspaltet.

Prisma. Ein Prisma ist ein durchsichtiger Körper mit einer rechteckigen Basis, wo Licht oder Energie in ein Spektrum polarisiert oder aufgespalten wird.

Prototyp. Ein Prototyp ist ein Orginalmodell, auf dem etwas entsteht; ein Archetyp, eine Form, auf der eine Gruppe basiert. Im Text wird der Begriff/Name Adam benutzt, um einen Prototyp zu bezeichnen, auf dem der Homo sapiens aufgebaut ist.

Reticuli. Reticuli bezeichnet hier die Wesen des Sternensystems Zeta Reticuli.

Reticulum Rhomboidalis. Diese Sternengruppe liegt nördlich des Hydrus und des Größeren Nebels und enthält vierunddreißig Sterne der Magnitude 3,3 bis 7. Das Sternensystem der Zeta Reticuli 1 und Zeta Reticuli 2 ist Teil dieser Formation und kann nur von der südlichen Hemisphäre der Erde gesehen werden.

Schöpfungsprozeß. Gott – Das Ganze, ALL-DAS-IST – wurde neugierig zu erfahren, wie es wäre, sich abzuspalten und schuf eine Sphäre, um diese Erfahrung zu machen. Dies wurde erreicht durch die Begrenzungen der Dimension.

Schwarze Liga. Die Schwarze Liga war eine organisierte Widerstandsbewegung, die sich im Orion-Konflikt entwickelte, um die Anstrengungen des Orionreiches zu beschneiden, das physische und spirituelle Herrschaft der ganzen Region anstrebte. Die Schwarze Liga trat nicht nur als paramilitärische Untergrund-Widerstandsbewegung auf, sondern auch als spirituelle und philosophische Orientierung mit verschiedenen Ausrichtungen. Diese Ausrichtungen haben versucht, ein Gleichgewicht in anderen planetarischen Systemen herzustellen, und werden gegenwärtig auf der Erde durch den menschlichen Reinkarnations-Zyklus ausgespielt.

Schwarzes Loch. Ein Stern wird zum schwarzen Loch, wenn er zusammenstürzt und solchen Dichtigkeitsgrad erreicht, daß sein Gravitationsfeld die Fliehkraft sogar von leichten Photonen übersteigt. Astronomen vertreten die Theorie, daß eine Veränderung im Zeit/Raum-Gefüge eintritt. Daraus ergeben sich viele Wahrscheinlichkeiten, einschließlich (1) Eintritts- und Austrittspunkte zu anderen dimensionalen Realitäten, (2) Geburtsstätten zukünftiger Sterne; (3) die Fähigkeit, sich die Kräfte von Zeitreisen nutzbar zu machen, (4) Eingang zum Anti-Materie-Universum.

Semjase. Semjase war der Name einer pleijadischen Kosmonautin, zu der Bill Meier Kontakt hatte.

Set. (auch Seth, Setekh, Setesh, Suty oder Sutekh) In der ägyptischen Mythologie wird Seth als Gott mit chaotischen Kräften und von Gewalt dargestellt. Es hat viele Meinungsverschiedenheiten über seine tatsächliche Rolle im alten Ägypten gegeben. Die Tempel und Priesterschaft des Seth beziehen sich hier im Text auf die Verehrung von dunklen Kräften.

Sirianische Gruppe. Eine Gruppe von Außerirdischen (durchaus nicht alle vom Sirius), die wichtig waren für die Entstehung der Schöpfung auf der Erde und die Entwicklung der menschlichen Rasse.

Sirius. Sirius, bekannt als der Hundstern, ist Teil der Canis-Major-Konstellation. Er liegt 8,7 Lichtjahre entfernt von der Erde und ist der hellste Stern (zum Unterschied von den Planeten), den man mit bloßem Auge sehen kann.

Soul Braiding. Soul Braiding ist die üblichste Methode für das, was als »Walk-in« bezeichnet wird. Es findet statt, wenn ein physisches Wesen mehr von seiner eigenen höheren, zukünftigen oder parallelen Energie aufnimmt und sie in seine eigene Persönlichkeit und sein physiologisches Leben integriert.

Sozialer Erinnerungskomplex. Massenbewußtsein oder nicht-physische Gruppen-Matrix-Identität, die aus einer physischen Gesellschaft entstanden ist.

Sumerer. Die Sumerer waren ein Volk mit einer der ältesten Zivilisationen der Erde (ca. 4000 vor Chr.) und lebten im südlichen Mesopotamien (Irak/Iran). Sie waren nicht-semitisch und ihr Ursprung ist unbekannt. Sie behaupten, daß ihnen ihre Zivilisation von den »DIN.GIR« gegeben wurde – den reinen, mit den hellen, spitzen Objekten, oder den Leuten der feurigen Raumschiffe – oder mit unseren Worten: von den Außerirdischen.

Superego. Freud definierte das Superego als ein System innerhalb des Verstandes, das bewußt oder unbewußt handelt und dessen pränatale, soziale und moralische Standpunkte sich auswirken auf die Handlungen und Entscheidungen des Egos. Hier im Text wird das Superego gleichgesetzt mit dem höheren Bewußtseinsaspekt, der die Verknüpfung ist für die Integration der Persönlichkeit.

Vereinigung der Welten. Diese Vereinigung besteht aus einer Gruppe physischer und nicht-physischer Wesen aus vielen Sphären, die für eine Reihe von Zwecken zusammenkommen. Einige haben sie als galaktische Konföderation oder Föderation bezeichnet. Es gibt keine hierarchische Struktur innerhalb der Vereinigung. Die wesentlichsten Gründe für ihre Wechselbeziehung zur Erde sind: (1) die Menschheit sanft zu einem größeren Bewußtsein ihrer selbst zu führen und zu ihrem Platz in der Vereinigung, (2) eine kritische Anzahl von Atomexplosionen auf der Erde zu verhindern, welche einen Riß in dem Raum/Zeit-Gefüge hervorrufen und die galaktische Nachbarschaft beeinflussen können. Sie haben jetzt absolut nicht die Absicht, irgend jemanden von der Erde zu evakuieren. Sie verstehen die absolute Notwendigkeit, daß die menschliche Rasse für sich selbst verantwortlich wird.

Walk-in. Ein Walk-in-Erlebnis kann zwei Formen annehmen. Die üblichste ist das Soul-braiding, bei dem mehr von der eigenen Energie einer Person (höheres Selbst oder zukünftige Aspekte) aufgenommen und mit der Persönlichkeit integriert werden. Die zweite Art findet seltener statt, und in diesem Fall sucht sich ein »separates« Bewußtsein einen menschlichen Körper, während die ursprüngliche Seele die physische Ebene verläßt. Dies ist eine höchst persönliche Erfahrung, in der die neu hinzugekommene Wesenheit seinen Ursprung oder seinen Status nicht bekanntzugeben braucht. Sehr oft wird die Soul-braiding-Erfahrung mit dem Walk-in-Austausch verwechselt, weil das Persönlichkeitsbild (wie biochemisch kodiert innerhalb des Gehirns) in jedem Fall fast die gleiche Manifestation aufweist.

Wega. Wega ist der Alpha-Stern in der Konstellation der Leier (obgleich er der Erde und nicht anderen Sternensystemen in der Leier-Konstellation näher ist). Wega brachte eine der ersten Leieranischen Zivilisationen hervor, die eine einzigartige und zusammenhängende Identität entwickelten, die half, viele Systeme zu besamen und zu kolonisieren, einschließlich Altair, Centauri, Sirius und Orion.

Weißes Loch. Hier wird das Weiße Loch als Sichtbarwerdung für Bewußtsein und Energie benutzt.

Zeit. Zeit kann als spezifisches Kontinuum angesehen werden, bei dem die Relation der Bewegung und Geschwindigkeit durch lineare Mittel gemessen wird.

Zeta Reticuli. Diese beiden Sterne wurden in den späten 60er Jahren in dem Reticulum-System entdeckt und können von der südlichen Hemisphäre der Erde gesehen werden. Hier im Text sind die Reticuli eine Rasse mit vielen Untergruppen, die haupsächlich genetische Experimente an heutigen Menschen ausführen und sie entführen. Ihre Durchschnittsgröße ist etwa 1,20 m. Sie haben große Köpfe und außergewöhnlich große Augen. Sie besitzen keine unterscheidenden Geschlechtsmerkmale. Im großen und ganzen ist ihre Absicht wohlwollend, trotz des Traumas, das viele Menschen in ihrer Gegenwart erfahren.

Zukünftige Selbste. Da Vergangenheit, Gegenwart und Zukunft gleichzeitig existieren, kann ein Wesen Verbindung mit Teilen seines Selbstes durch die Ausdehnung der Zeit aufnehmen. Außerirdische werden oft mit ihrer Vergangenheit in Kontakt treten (z. B. dem Erdenmenschen), um eine Verbindung zu schaffen, und dies kann oft ihre eigene Vergangenheit heilen. Die Vorstellung von »höheren Selbsten« und »zukünftigen Selbsten« ist austauschbar, da ein zukünftiges Selbst eine entwickeltere Version des gegenwärtigen oder vergangenen Selbstes ist.

Bibliographie

Anka, Darryl. *The New Metaphysics*, Light and Sound Communications, 1986

Burnham, Jr., Robert. *Burnham's Celestial Handbook*, Vols. 1, 2, und 3. Dover Publications, 1978

Cott, Jonathan. *The Search for Omm Sety*. Doubleday, 1987

Dickinson, Terence. *The Zeta Reticuli Incident*. AstroMedia Corp., 1976

Ellis, Normandi. *Awakening Osiris: The Egyptian Book of the Dead*. Phanes Press, 1988

Fix, Willian R. *Star Maps*. Octopus Books, 1979

Freer, Neil. *Breaking the Godspell*. Falcon Press, 1987

Fuller, John G. *Interrupted Journey*. The Dial Press, 1966

Grant, Joan. *Eyes of Horus*. Ariel Press, 1966

Hart, George. *Dictionary of Egyptian Gods and Godesses*. Routledge & Kegan Paul, 1986

Jung, C. G. *Der Mensch und seine Symbole*. Walter, 1985

Kinder, Gary. *Light Years*. Atlantic Monthly Press, 1987

Krupp, E.C. *Echoes of the Ancient Skies:* The Astronomy of Lost Civilizations

McConnell, James V. *Understanding Human Behaviour*, Second Edition, Holt, Rinehart & Winston, 1977

Moody, Raymond. *Leben nach dem Tod*. Rowohlt, 1991

Royal Priest Research/Lyssa Royal. *The Arcturus Connection*. (Cassette) 1989

Royal Priest Research/Lyssa Royal. *The Sirius Connection*. (Cassette) 1989

Royal Priest Research/Lyssa Royal. *Lyra and the Pleiades*. (Cassette) 1990

Royal Priest Research/Lyssa Royal. *Pleiadian Ancestry*. (Cassette) 1989

Royal Priest Research/Lyssa Royal. *The Orion Conflict*. (Cassette) 1989

Royal Priest Research/Lyssa Royal. *Zeta Reticuli Visitors*. (Cassette) 1989

Royal Priest Research/Lyssa Royal. *History of the Zeta Reticuli*. (Cassette) 1989

Royal Priest Research/Lyssa Royal. *Association of Worlds*. (Cassette) 1989
Royal Priest Research/Lyssa Royal. *Earth Inception*. (Cassette) 1989 Stai
Sitchin, Zecharia. *Der zwölfte Planet*. Droemer Knaur, 1989
Sitchin, Zecharia. *Die Kriege der Menschen und Götter*. Droemer Knaur, 1991
Sitchin, Zecharia. *Stufen zum Kosmos*. Droemer Knaur, 1973
Strieber, Whitley. *Die Besucher*. Heyne, 1990
Temple, Robert K. G. *The Sirius Mystery*. Destiny Books, 1976
Wolkstein, D. and Kramer, S. N. *Inanna: Queen of Heaven and Earth*. Harper and Row, 1983
Wood, David. *Genisis: The First Book of Revelation*. The Baton Press, 1985
Zeilik, Michael. *Astronomy: The Evolving Universe*. Harper & Row, 1979
New American Standard Bible. Thomas Nelson Publishers, 1960
Holy Bible, New International Version. Zondervaan Publishers, 1978
The Living Webster Encyclopedic Dictionary of the English Language, English Language Institute of America, 1977

Danksagung

Dieses Manuskript entstand, weil es die Art von Buch war, nach der wir vergebens Ausschau gehalten hatten. Da ein solches nicht existierte, schrieben wir es. Wir danken allen, die ebenfalls danach suchten und uns dann liebevoll inspirierten.

Wir danken dem Channel Darryl Anka (und Basha) dafür, daß er uns 1985 den Anstoß zur Erforschung dieses komplexen und fesselnden Themas gab. Seine Rechtschaffenheit und die Qualität seiner Durchgaben ließen uns darauf vertrauen, daß die Informationen auf zuverlässige Art übermittelt wurden.

Wir danken dem Channel Robert Shapiro für seine einzigartigen und schwer faßbaren Informationen über die Zeta Reticuli und die negativen Sirianer. Robert hat den Mut, solche Bereiche als Channel anzugehen, an die viele andere sich nicht heranwagen.

Wir danken der Autorin Barbara Hand Clow für ihr wertvolles Feedback und für ihre Ermutigung während der Überarbeitung des Buches. Ihre enthusiastische Reaktion auf unsere Arbeit half uns, den Impuls aufrechtzuerhalten und uns auf die richtigen Punkte zu konzentrieren.

Wir senden unseren Dank und unsere Liebe an die Donnerstagabend-Gruppe, die acht Wochen lang in der rekordbrechenden Hitze von Sedona saß, um noch tiefer durch Lyssa Royals Channelingsprozeß in den außerirdischen Sachverhalt einzudringen.

Wir danken Jeannine Calaba für ihre detaillierte und einblickgewinnende Kritik unseres ersten Konzeptes. Ihre Liebe, Freundschaft und Unterstützung waren für dieses Projekt sehr nützlich.

Wir danken Beth Pierson für ihre äußerst genaue Korrektur des Materials und für ihr wertvolles Feedback. Sie erledigte alle Arbeiten, um die wir sie gebeten hatten, und noch viel mehr.

Wir danken Margaret Pinyan für ihre hochprofessionelle redaktionelle Arbeit und für das Korrekturlesen.

Wir danken Stacey Vornbrock, die uns auf Ungereimtheiten hinwies und Vorschläge zum schwierigsten Teil dieses Buches anbot… und für den Kokosnußkuchen.

Anerkennung geht an Julie Rapkin dafür, daß sie »Es ist wunderbar« sagte.

Über die Autoren

Lyssa Royal ist Bachelor of Arts der Psychologie und arbeitet als international bekanntes Channelmedium, Autorin und Rednerin in Arizona. Sie ist Co-Autorin verschiedener in vielen Ländern veröffentlicht er Bücher, darunter: *The Prism of Lyra: An Exploration of Human Galactic Heritage* (deutsche Ausgabe: *Sternensaat – Das galaktische Erbe der Menschheit*), *Visitors from Within* (deutsche Ausgabe: *Besucher von Innen*), *Future Sex* und *The Sedona Vortex Guidebook*. Sie kommt regelmäßig in Veröffentlichungen wie *Connecting Link* und *The Sedona Journal of Emergence* zu Wort. Lyssa channelt auf der ganzen Welt und hält Vorträge, führt Reisegruppen zu heiligen Orten und ist durch Radio und Fernsehen international bekannt.

1979 erlebte Lyssa eine UFO-Sichtung, bei der ihre Familie Zeuge war und die ein tiefgreifendes Interesse am Phänomen der Extraterrestrischen auslöste. Nach etlichen weiteren UFO-Sichtungen in den achtziger Jahren begann Lyssa nach Antworten betreffs der Verbindung der Erde zu außerirdischen Zivilisationen zu suchen. Sie entwickelte ihre Channelfähigkeiten und begann Informationen zu empfangen, die auf der ganzen Welt Tausenden auf ihrer Suche nach einem Verständnis des ET-Rätsels geholfen haben. Obwohl sie sehr oft mit extraterrestrischer Information arbeitet, ist die praktische Anwendung dessen, was sie channelt, immer ihre erste Priorität.

Keith Priest ist unabhängiger Forscher und Autor (*Sternensaat* und *Besucher von Innen*). Er lebt in Arizona, hat an der Michigan State University Musik studiert und einen Abschluß in Klaviertechnik und historischen Stimmsystemen gemacht. Keiths Lebensphilosophie war immer die Frage nach dem Warum. Durch seine Forschung ist er tief in alte Sprachen, Bibelkunde, Anthropologie, Geschichte und

Religionen eingetaucht, er hat diese Studien mit Astronomie, Mythologie und Psychologie kombiniert. Obwohl er noch nie ein außerirdisches Raumschiff gesehen hat (geschweige denn einen Außerirdischen) haben ihm seine Untersuchungen gezeigt, daß das Thema der Außerirdischen nicht nur wunderbar in all diese Gebiete hineinpaßt, sondern auch tatsächlich ein integraler Bestandteil des Puzzles ist und sie vermutlich alle miteinander verbindet.

Dieses Buch wurde gedruckt auf 100% Recyclingpapier.
Es besteht zu 75% aus bedrucktem Altpapier und zu
25% aus unbedrucktem Papierabfall.
Das Bezugspapier des Buches besteht zu 100% aus recyceltem Altpapier,
das Vor- und Nachsatzpapier zu 40% aus bedruckten, zu 35% aus
unbedruckten Papierabfällen und zu 25% aus Holzzellstoff.
Das Kapitalband ist aus 100% ungefärbter
und ungebleichter Baumwolle.